国家自然科学青年基金项目"基于在线评论的移动应用免费版提供策略研究"（71701184）

浙江省自然科学基金探索项目"盗版行为影响下的视频平台的最优内容提供与定价策略研究"（LQ21G01003）

浙江省哲学社会科学规划课题青年项目"电子市场平台应对在线评论操控的技术举措的影响机制探究"（23NDJC096YB）

JIYU ZAIXIAN PINGLUN DE
QIYE JUECE FENXI

基于在线评论的
企业决策分析

曹欢欢 吴丹 ◎ 著

中国财经出版传媒集团
经济科学出版社
Economic Science Press

图书在版编目（CIP）数据

基于在线评论的企业决策分析/曹欢欢，吴丹著.
－－北京：经济科学出版社，2022.10
ISBN 978 - 7 - 5218 - 3943 - 2

Ⅰ.①基…　Ⅱ.①曹…②吴…　Ⅲ.①互联网络 - 舆
论 - 影响 - 企业管理 - 经营决策 - 研究　Ⅳ.①F272.31

中国版本图书馆 CIP 数据核字（2022）第 154154 号

责任编辑：程辛宁
责任校对：齐　杰
责任印制：张佳裕

基于在线评论的企业决策分析
曹欢欢　吴　丹　著
经济科学出版社出版、发行　新华书店经销
社址：北京市海淀区阜成路甲 28 号　邮编：100142
总编部电话：010 - 88191217　发行部电话：010 - 88191522
网址：www. esp. com. cn
电子邮箱：esp@ esp. com. cn
天猫网店：经济科学出版社旗舰店
网址：http：//jjkxcbs. tmall. com
固安华明印业有限公司印装
710 × 1000　16 开　11.5 印张　185000 字
2022 年 10 月第 1 版　2022 年 10 月第 1 次印刷
ISBN 978 - 7 - 5218 - 3943 - 2　定价：69.00 元
（图书出现印装问题，本社负责调换。电话：010 - 88191510）
（版权所有　侵权必究　打击盗版　举报热线：010 - 88191661
QQ：2242791300　营销中心电话：010 - 88191537
电子邮箱：dbts@ esp. com. cn）

前　言

　　随着互联网和电子商务的不断发展，在线评论成为消费者在网络购物过程中的重要信息来源，在线评论在消费者的购物决策中起到越来越重要的作用。大量的研究表明在线评论能够影响产品的销量，如图书、电影、酒店、数码和数字产品等；在线评论还能影响企业的相关决策，如定价策略、产品设计策略、销售渠道策略和产品信息展示策略等。由于在线评论在网络购物中的这些作用，企业试图通过操控在线评论来提升消费者感知的产品质量，从而进一步影响消费者的购物决策。在国内，好评返现已经成为在线商家操控在线评论的惯用手段。

　　立足于电子商务发展中在线评论最新的应用实践，也立足于在线评论相关研究的缺口，本书围绕在线评论通过构建博弈模型开展了三个方面的研究：在线评论如何影响企业的免费版提供决策、在线评论如何影响企业的信息性广告策略和不对称企业竞争下的在线评论操控决策。从研究内容上，本书紧扣现实问题，通过系统的理论分析，旨在为学界和业界对在线评论的作用提供新的诠释角度，并为相关研究提供理论的参考。从研究方法上，本书提出的关于在线评论及在线评论操控的建模方法，也可为进一步研究在线评论的学者提供参考。本书主要面向高校和科研单位的硕士研究生、博士研究生和学者，并对企业战略、营销等方面的管理人员也有一定的参考价值。

　　本书是由浙江工业大学的曹欢欢和吴丹共同撰写完成，撰写内容分工如下：本书的第2章、第4章由浙江工业大学的吴丹主要负责撰写；本书的第

3 章和第 5 章由浙江工业大学的曹欢欢主要负责撰写；第 1 章和文稿的校对及编辑是由浙江工业大学的曹欢欢和吴丹共同完成的。最后，经济科学出版社对本书的编辑、校对方面做了大量的工作，在此表达感谢。

疏漏之处，敬请指正。

著　者

2022 年 6 月 4 日

目　录

1.1　电子商务的发展

电子商务是指在网络上开展各种业务，包括服务顾客、与合作伙伴协作、提供在线学习和开展电子交易等。在技术环境、社会环境和国家政策的积极影响下，中国电子商务呈现了大规模地增长。首先，移动支付升级，线下支付场景逐渐丰富。据调查数据显示①，2015 年网上支付用户规模达 4.16 亿，增长率为 36.8%，其中手机支付用户规模达 3.58 亿，增长率为 64.5%，是网上支付市场用户总规模增长速度的 1.8 倍。同时，支付技术得到不断升级，如近场支付、扫脸支付等，支付场景也得到不断地拓展，如沿街商铺、商场、餐饮、酒店等。其次，互联网普及率高，手机网民数量快速提升。据调查数据显示②，截至 2021 年 12 月，我国网民规模为 10.32 亿，互联网普及率达 73.0%，我国手机网民规模为 10.29 亿，网民中使用手机上网的比例为 99.7%。网络普及率的不断提升，让电子商务的发展基础更加坚实。最后，

---

① 中国互联网信息中心发布的《2015 年中国网络购物市场研究报告》。
② 中国互联网信息中心发布的《第 49 次中国互联网络发展状况统计报告》。

国家政策加持，确立电子商务的发展方向和拓展领域。我国在"互联网＋"的顶层设计上，出台了《关于积极推进"互联网＋"行动的指导意见》；在推动线上线下经济融合方面，印发了《关于推进线上线下互动加快商贸流通创新发展转型升级的意见》；在促进农村电子商务方面，出台了《关于加大改革创新力度加快农业现代化建设的若干意见》。这一系列政策的出台与实施加快了电子商务在我国的蓬勃发展。截至2021年12月，我国网络购物用户规模达8.42亿，较2020年12月增长5968万，占网民整体的81.6%，其中网上零售额达13.1万亿元，同比增长14.1%，其中实物商品网上零售额占社会消费品零售总额比重达24.5%①。网络零售市场的集中程度进一步提高，其中阿里系和京东占据了中国网络零售90%以上的市场份额②。

从全球来看，尽管遭受了新冠肺炎疫情的影响，电子商务交易规模还是保持快速增加。2021年，全球电子商务交易额超过5.3万亿元，同比增长14%，预计到2025年，全球电子商务交易额将超过8.3万亿美元，增长率将达到12%③。

1.2　在线评论在消费者网购决策中的作用

电子商务的大规模发展，导致网络购物的兴起。在网络购物过程中，由于消费者无法直接看到或者接触到产品，消费者和商家之间存在着严重的信息不对称。因此，网络购物中最大的不确定因素来自消费者对产品质量的不确定性。为了消除消费者对产品质量的不确定性和降低消费者与商家之间的信息不对称性，在线评论机制应运而生。网络购物平台往往会允许消费者（特别是已购买过产品的消费者）对产品的各方面情况进行评价，为后续消

---

① 中国互联网信息中心发布的《第49次中国互联网络发展状况统计报告》。
② 中国互联网信息中心发布的《2015年中国网络购物市场研究报告》。
③ 《2022全球支付报告》，https：//max.book118.com/html/2022/0505/6115024004004143.shtm。

费者在购买该产品时提供额外产品信息，帮助消费者做出更好的购买决策。

　　然而，在线评论机制的兴起，改变了消费者获取产品信息的方式（Chen & Xie，2008）。越来越多的消费者在做出购买决策前会阅读在线评论（Kwark et al.，2014）。据统计数据显示，80% 的美国消费者在做出购买决策前会阅读在线评论①。在线评论已经成为消费者购买前了解产品信息的重要渠道，在消费者购物决策中起到越来越重要的作用。

　　从实践应用角度看，消费者在购买不熟悉产品时，在线评论对消费者购物决策的影响占主导地位，77.5% 的消费者在购物决策中主要考虑因素为网络口碑（即在线评论），超过了价格、网站/商家信誉、品牌美誉度等因素②。美国的一份调查报告也给出了类似的结论，87% 被调查者认为平均在线评论得分对他们的购买决策是重要的（包括认为非常重要和一般重要的被调查者），90% 的被调查者认为在线文本评论对他们的购买决策也是重要的③。

　　从理论研究角度看，大量的实证研究表明在线评论对不同行业的产品销量具有显著影响，例如，图书行业（Chen et al.，2004；Chevalier & Mayzlin，2006；Forman et al.，2008）、电影行业（Liu，2006；郝媛媛等，2009；Chintagunta et al.，2010）、酒店行业（Ye et al.，2009；廖俊云和黄敏学，2016；Kim，2021）、数码产品行业（Gu et al.，2012；汪旭晖等，2018；He et al.，2020）和数字产品行业（Zhu & Zhang，2010；Liu et al.，2014；Chen et al.，2017）等，这间接说明在线评论对消费者网络购物决策起到重要作用，从而影响到产品的销量。同时，也有学者指出，在线评论改变了企业的策略，例如，定价策略（Li & Hitt，2010；Feng & Li，2011；Hao et al.，2011）、产品设计策略（Kwark et al.，2018；Yang et al.，2019）、销售渠道策略（Kwark

---

① 调查报告《美国人是如何利用在线消费者评论的》（*How Americans approach online consumer reviews*），http：//www. marketingcharts. com/online/how-americans-approach-online-consumer-reviews-48783。

② 中国互联网信息中心发布的《2015 年中国网络购物市场研究报告》。

③ 调查报告《消费者阅读和信任关于本地企业的在线消费者评论日益增加》（*Consumers increasingly reading，trusting online customer reviews for local businesses*），http：//www. marketingcharts. com/online/consumers-increasingly-reading-trusting-online-customer-reviews-for-local-businesses-43855/。

et al.，2014；Kwark et al.，2017；Li et al.，2019）、产品信息展示策略（Chen & Xie，2008）等，这也说明在线评论能够影响消费者决策，企业试图通过调整其企业策略使得在线评论影响下的企业利润最大化。

1.3 在线评论与免费版

随着互联网的不断发展，消费向移动终端转移，移动互联网也得到快速发展。截至2021年12月，我国手机网民规模达10.29亿，较2020年12月增长4298万，网民使用手机上网的比例为99.7%[①]。在移动互联网迅速发展的推动下，移动应用行业逐渐兴起。2013年全球移动应用市场规模高达270亿美元，2016年苹果公司仅App Store销售额超200亿美元，同比增长40%[②]。在中国，从2014年开始移动应用市场规模已经突破2000亿，而且还在飞速增长中。随着移动智能设备（如智能手机、平板电脑）的加速普及，移动应用对网民渗透率不断上升，网民对移动应用上瘾率也不断地增加。2014年用户使用移动应用的时间占使用移动设备总时间的86%，相较于2013年，移动应用总体使用时间增长115%，用户平均使用时间增长65%[③]。截至2021年12月，我国国内市场上监测到的移动应用数量为252万款，移动应用规模排在前四位的移动应用为即时通信类、网络视频（含短视频）类、网络支付类和网络购物类，占比达61.2%，其他生活服务、教育等十类移动应用数量占比为38.8%。其中，游戏移动应用数量达70.9万款，占全部移动应用比重为28.2%[④]。

移动应用类似于普通软件，往往通过提供免费版来降低移动应用的不确定性。移动应用具有软件的复杂性（Cakanyildirim & Dalgic，2002）及体验类

① 中国互联网信息中心发布的《第49次中国互联网络发展状况统计报告》。
② 全球性的技术情报公司（ABI Research），https：//www.abiresearch.com/。
③ 移动应用数据统计公司（Flurry），https：//dev.flurry.com/。
④ 中国互联网信息中心发布的《第49次中国互联网络发展状况统计报告》。

产品的特点（Mudambi & Schuff，2010），消费者对移动应用真实价值的感知容易产生较高的不确定性，使得移动应用软件商向潜在消费者介绍移动应用的功能和特征变得困难，导致传统的促销渠道（如广告、宣传册等）对复杂的移动应用来说不是那么有效。然而，移动应用具有低边际成本或边际成本可忽略不计的特点（Cheng & Tang，2010；Anderson，2009），移动应用软件商往往利用这一点，通过提供免费版来降低消费者对移动应用真实价值的感知不确定性（Kwark et al.，2014）。据调查，苹果移动应用平台上80%的最受欢迎的移动应用都提供免费版①。例如，移动应用"扫描全能王"、移动应用"航旅纵横"、移动应用"割绳子"等都提供了具有基本功能的免费版，以吸引消费者对付费版移动应用的购买。

　　尽管提供具有基本功能的免费版这种营销方式在移动应用行业中得到广泛的应用，但是并不是所有采用该营销方式的移动应用软件商都取得了成功。根据纽约时报的报道，很多提供免费版的软件企业都面临着很多困难，有些软件企业甚至因为提供了免费版而导致破产（如 Helpstream 公司）②。因此，在竞争激烈的移动应用市场中，移动应用免费版可以帮助移动应用软件商很快地扩散移动应用产品，但若移动应用软件商最终并未能通过付费版产生足够利润则很难得以生存（Cheng & Tang，2010）。

　　我们在前面已经提到过，在线评论在消费者网络购物决策过程中起到重要的作用，在线评论为消费者提供了关于产品的额外信息，帮助消费者更加了解将要购买的产品（Mudambi & Schuff，2010）。大量的研究指出好的在线评论可以有效提高消费者的购买意愿（Zhu & Zhang，2010；Duan et al.，2008；Chevalier & Mayzlin，2006）。同时，移动应用免费版也是消费者了解移动应用的信息来源，为消费者提供移动应用的相关信息。通过试用移动应用免费版，消费者可以了解到该移动应用的基本功能、性能、兼容性及硬件要求等（Niculescu & Wu，2014），对移动应用付费版更加了解。但当移动应用免费

---

① 移动应用数据统计公司（Flurry），https：//dev. flurry. com/。
② 纽约时报，http：//www. nytimes. com/2009/08/30/business/30ping. html。

版存在的情况下，在线评论对消费者购买决策的作用会产生变化。刘等（Liu et al.，2014）利用谷歌移动应用市场的相关数据证实，当移动应用软件商提供移动应用免费版时，移动应用付费版的在线评论得分对移动应用付费版销量排名的影响就变得不显著了，这说明在线评论与提供免费版之间存在着一定的替代关系；然而，陈等（Chen et al.，2017）却指出免费版的下载量可以增强在线评论对付费版销量的影响，也就是说在线评论与提供免费版之间存在着互补关系。尽管这些实证研究的结论存在着矛盾，可以确定的是在线评论与免费版存在着交互作用。因此，本书第 3 章通过构建博弈模型研究在线评论与免费版的交互作用，深入揭示在线评论对企业的免费版策略的影响。

1.4　在线评论与信息性广告

广告有两个主要功能：告知消费者产品的存在和说服消费者购买产品（Santilli，1983）。第一，告知消费者产品存在的功能是通过提供产品信息，让消费者知道这个产品的存在，当消费者需要做出购买决策时，消费者会将这个产品放入选择集，这个功能被称为信息性广告。第二，说服消费者购买产品，通过提供产品的特色、亮点或与众不同之处等来说服消费者该产品是同类产品中最值得购买的，影响消费者的购买决策。随着互联网的发展和在线评论的出现，广告的说服消费者购买产品的作用逐渐减弱，原因我们在之前提到过，在网络购物中，在线评论逐渐代替广告成为说服消费者购买产品的主要工具。但是，广告的告知消费者产品存在的作用仍旧是广告的重要作用，能够让消费者知晓该产品的存在，从而才能对产品进行评估，最后导致购买。

当企业发布产品广告时，需要做出很多决策，如广告支出决策、广告覆盖率决策等。霍伦贝克等（Hollenbeck et al.，2019）的研究表明在线评论得分与广告支出存在着负向相关关系，即在线评论得分越高的酒店在广告上花费越低，意味着在线评论和广告存在着替代关系，而不是互补关系。这也间接说明在线评论的存在能够影响到企业的广告决策。而我们注意到，在网络购物中，在线评论替代了广告说服消费者购买产品的功能。在这种情况下，企业是会加大广告的覆盖率，让更多的消费者知道企业的产品？还是会减少广告的覆盖率，利用在线评论提升知道该产品的消费者的购买率？本书第 4 章通过构建博弈模型研究在线评论与信息性广告的关系，揭示在线评论影响下的企业信息性广告策略。

1.5　在线评论操控

在线评论是消费者网络购物时获取产品信息的重要来源，对消费者的网络购物决策会产生重要影响，不仅对不同行业（包括图书、电影、酒店、数字产品、数码产品等）的产品销量产生显著的影响（Chen et al., 2004；Liu, 2006；Ye et al., 2009；Gu et al., 2012；Zhu & Zhang, 2010），也会改变企业的定价策略（Li & Hitt, 2010）、产品设计策略（Kwark et al., 2018）、销售渠道策略（Kwark et al., 2014）、产品信息展示策略（Chen & Xie, 2008）等。在线评论对网络购物的重要作用成为企业操控在线评论的动机，企业开始通过操控在线评论来提升消费者对其产品质量的感知。即使在线评论过滤算法存在的情况下，仍有 15% ~ 30% 的在线评论是被操控的（Luca & Zervas, 2016；Lappas et al., 2016）。在国内，好评返现已经成为在线商家的惯用手段，购物平台对商家的好评返现监控和处罚力度较低（李婷婷和李艳军, 2016；曾慧等, 2018；Chen et al., 2022）。

在线评论操控的存在成为电子商务发展的重要挑战。首先，被操控的在线评论包含了具有偏差的产品质量信息，使得消费者不能做出最优的网络购物决策，导致消费者对网络购物产生不满意的态度，从而进一步导致消费者对网络购物的信任程度降低。其次，在线评论操控也成为商家攻击其竞争对手的有力工具。例如，一些酒店为了降低竞争在爱彼迎网站上发布竞争对手的虚假差评。最后，在线评论操控的存在导致消费者对电子市场平台的信任降低，从而进一步导致消费者离开电子市场平台，对电子市场平台来说也是不利的。

但是，在线评论操控的存在是否真的只有不利的影响呢？没有在线评论的时候，由于消费者和企业的信息不对称性，消费者面临着对产品和企业的不确定性，也被称为"柠檬市场"（Akerlof，1970）。在线评论的存在显著地降低了企业和消费者之间的不确定性，也就是说，在线评论存在的情况下，消费者可以很容易识别高质量企业和低质量企业。但由于被操控的在线评论的存在，降低了在线评论的信息性，使得消费者识别高质量企业和低质量企业变得困难，有可能对企业有利。因此，本书第5章通过构建博弈模型研究不对称竞争企业的在线评论操控决策，揭示在线评论操控存在着可能有利的一面。

第 2 章

在线评论研究现状

目前，关于在线评论的研究已经取得了丰富的研究成果，学者们关注的重点是，通过分析在线评论的特征，揭示在线评论的作用，包括对产品销量的影响和对企业决策的影响。总结已有的在线评论相关研究，我们对在线评论进行了全面综述。

2.1 在线评论的特征

在线评论的特征一般认为主要涉及在线评论得分（valence）、在线评论数量（volume）、在线评论异质性（heterogeneity）、在线评论极性（extremity）、在线文本评论（content review）及在线评论有用性（helpfulness）。

2.1.1 在线评论得分

在线评论得分是指产品评分的数值，例如，亚马逊网站上评论者对产品给出的星级评价，从 1 颗星到 5 颗星不等，有些网站还允许消费者对产品的多个属性分别进行评分（Sahoo et al.，2012）。在线评论平均得分是消费者做出在线购物决策的主要依据，在线评论得分体现了在线评论的劝说效应

(persuasive effect)（龚诗阳等，2012）。大量研究认为在线评论的劝说效应是显著的。例如，舍瓦利耶和梅兹林（Chevalier & Mayzlin，2006）通过对比亚马逊和巴诺网站上的图书数据，指出在线评论得分的提高对相应网站的图书销量有正向影响；德拉罗卡斯等（Dellarocas et al.，2007）利用雅虎电影的数据，发现在线评论平均得分对电影票房的预测在统计上是显著的；朱和张（Zhu & Zhang，2010）利用视频游戏的数据，也指出在线评论平均得分对视频游戏销量有显著的正向影响；叶等（Ye et al.，2009）利用携程的数据验证了在线评论平均得分对酒店预定销量有显著的正向影响；孙（Sun，2012）同时利用电影票房和图书数据，验证了在线评论平均得分对产品销量有显著的正向影响。但是，也有研究指出在线评论平均得分的劝说效应是不显著的。例如，刘（Liu，2006）指出他人的评分并不改变消费者对该产品的感知价值，这主要是因为对电影等经验产品的喜好程度是个人偏好的问题；段等（Duan et al.，2008）利用雅虎电影票房的数据，指出在线评论平均得分对电影票房的影响不显著；陈等（Chen et al.，2004）和福尔曼等（Forman et al.，2008）都利用亚马逊的数据，指出在线评论平均得分对图书销量没有显著影响。另外，姜和王（Jiang & Wang，2008）指出在线评论的劝说效应跟企业的竞争环境有关，在垄断情况下企业总能从在线评论得分的增加中获利，但是在竞争环境中，当高质量产品的在线评论得分增加时，高质量企业和低质量企业的均衡利润都会增加；当低质量产品的在线评论得分增加时，低质量企业的均衡利润有可能增加也有可能降低，与其产品质量有关。

在线评论得分可能存在着一定的偏差，这些偏差与价格、自我选择和用户期望等有关。李和希特（Li & Hitt，2008）提出，如果消费者早期购买倾向与消费者的满意度存在相关性时，那么由于这种自我选择偏差导致早期消费者给出的有偏评论得分会对后期消费者产生影响。该研究通过亚马逊的数据，验证了绝大多数图书的早期评论比后期评论更加正面，但是消费者对于这种具有偏差的在线评论是不加修正地采纳。李和希特（Li & Hitt，2010）还指出在线评论得分会受到价格影响，导致在线评论所传达的产品质量信号有所偏差。胡等（Hu et al.，2017）指出在线评论得分存在获得性偏差和漏报偏差。获得性偏差指的是大部分写在线评论的消费者对该产品具有正向的偏好；漏报偏差指的是，与给出中性评论的消费者相比，给出极端评论（无论是正面评论还是负面评论）的消费者更有可能撰写评论。这两个在线评论偏差使得在线评论平均得分作为产品质量的估计存在偏差。德拉罗卡斯和伍德（Dellarocas & Wood，2008）也指出在线评论得分中还存在着报告偏差（reporting bias），认为满意的消费者比不满意的消费者更愿意发布评论。安德森和西姆斯特（Anderson & Simester，2014）还研究了未购买者的在线评论的偏差，发现这些在线评论比购买者的在线评论更加负面。刘洋和廖貅武（2013）指出在线评论得分的作用受到用户期望的影响，若软件质量低于用户期望时，评论得分传递的信号较为真实。

先前的在线评论得分除了影响消费者购买决策以外，还会影响后续的消费者评论行为，包括后续的在线评论得分、消费者评论意愿等。戈德斯和席尔瓦（Godes & Silva，2012）发现在线评论平均得分随着时间的推移而降低，他们认为可能的原因是在线评论的诊断性随着时间的推移而降低，也就是说随着时间的推移，在线评论的增多导致评论多样性增加，从而导致更多的购买失误和更低的评论得分。马等（Ma et al.，2013）认为在线评论越长，评论发布频率越高，先前的在线评论得分对后续的消费者评论的影响越大。莫伊和施韦德尔（Moe & Schweidel，2012）指出正面的在线评论得分环境会导致更多消费者进行评论行为，而负面的在线评论得分环境会减少消费者进行评论行为。

2.1.2 在线评论数量

在线评论数量是指对某一产品或服务评论的多少。在线评论数量是在线评论非常重要的一个特征，因为在线评论数量与消费者可获得信息数量有关，可提高消费者感知和信心，降低消费者不确定性（Chen et al.，2004）。在线评论数量是产品或服务受欢迎程度的体现（de Maeyer，2012），在线评论数量越多说明该产品或服务越受欢迎。刘（Liu，2006）认为在线评论数量体现了在线评论的感知效应（awareness effect），在线评论数量能够增加潜在消费者的感知，使得更多消费者意识到产品的存在。帕克等（Park et al.，2009）指出在线评论往往扮演着两种角色，一种是信息提供者的角色，另一种是产品推荐者的角色，而在线评论数量的多少更多的是在线评论扮演着产品推荐者的角色。

大量的研究结果显示在线评论数量与产品销量之间存在着正相关关系。刘（Liu，2006）利用雅虎电影的数据，发现在线评论对总票房和周票房有显著的解释力，而这种解释力主要来自在线评论数量；德拉罗卡斯等（Dellarocas et al.，2007）同样利用雅虎电影的数据，指出前期在线评论数量是很好的电影票房的预测变量和代理变量；朱和张（Zhu & Zhang，2010）利用视频游戏的数据，同样发现在线评论数量对视频游戏的销量有显著的正向影响；张等（Zhang et al.，2010）利用大众点评的数据，发现在线评论数量对餐厅的受欢迎程度有显著的正向影响。但也有部分研究指出在线评论数量对产品销量的影响是不显著的（Godes & Mayzlin，2004；Clemons et al.，2006）。

但在线评论平均得分与在线评论数量哪个对销量影响更大存在着争议。钦塔古塔等（Chintagunta et al.，2010）研究发现在线评论平均得分是销量最好的预测变量，其次是在线评论数量。谢瓦利埃和梅兹林（Chevalier & Mayzlin，2006）利用在线图书评论数据得到的结论和德拉罗卡斯等（Dellarocas et al.，2007）利用电影票房评论数据得到的结论与钦塔古塔等（Chintagunta et al.，2010）的结论一致。段等（Duan et al.，2008）却发现在线评论平均得分对销量没有影响，但在线评论数量对销量存在正向影响，因为在线评论数量能够提高消费者感知。刘（Liu，2006）发现在电影公映前在线评论得分对消费者存在着显著影响，但是在电影公映后在线评论数量对电影票房的影响最大。卡瑞等（Khare et al.，2011）认为在线评论数量大的评论对消费者决策来说更具诊断性。

2.1.3 在线评论异质性

在线评论异质性是指在线评论之间的差异程度，表示了在线评论给出的信息不一致性。在网络购物情境下，在线评论异质性可能只是反映了不同偏好消费者的存在（Sun，2012）。在这种情况下，消费者可能更加愿意去仔细阅读在线评论从而导致更高的消费者感知和购物决策自信（de Maeyer，2012）。赫和邦德（He & Bond，2015）认为在线评论异质性的存在可能与产品类型有关，当产品针对偏好相似的消费者时，在线评论得分异质性较小。在大多数的研究中，在线评论异质性一般用在线评论得分方差（variance）（Clemons et al.，2006）、在线评论离散程度（dispersion）（Martin et al.，2007）、在线评论变异系数（coefficient of variation）、在线评论信息熵（information entropy）（Alexandrov，2007）等衡量。

在线评论异质性对消费者影响的研究结果也存在着不一致性。马丁等（Martin et al.，2007）发现在线评论得分离散程度越大，消费者对该电影的偏好程度越强。克莱蒙斯等（Clemons et al.，2006）利用手工啤酒行业的数据研究发现在线评论得分方差对销量有显著的正向影响。但是张（Zhang，2006）发现在电影公映一周内评论者之间的不一致性不会影响电影票房数据。另外，叶等（Ye et al.，2009）的研究结果显示在线评论得分的方差对酒店预订有显著的负向影响。罗等（Luo et al.，2013）发现在线评论的异质性对企业收益不利，但是降低了企业的风险。孙（Sun，2012）结合经济建模和实证的研究方法，结果显示在线评论得分的方差对销量是否存在影响跟在线评论平均得分有关，当在线评论平均得分较低时，在线评论得分的方差越大，产品的销量也越大。谢等（Xie et al.，2011）研究发现当在线评论存在异质性时，评论者的个人辨识信息会降低消费者的购买意向。

2.1.4　在线评论极性

在线评论极性是指在线评论是正面的或是负面的，代表评论者对产品表示喜欢或者不喜欢。胡等（Hu et al.，2008）指出大部分的在线评论得分都是高度正面的，有一部分是高度负面的，极少数在线评论得分是中性的。刘（Liu，2006）对真实的口碑数据进行分析，用正面评论与负面评论比例表示在线评论的极性，结果显示在线评论的极性对电影票房的影响不显著。克莱蒙斯等（Clemons et al.，2006）利用四分位数的强度对手工啤酒行业的在线评论极性进行分析，结果显示高极端评论与手工啤酒的销量有正相关关系，低极端评论对手工啤酒的销量的影响不显著。霍达克等（Ho-Dac et al.，2013）则指出品牌价值调节在线评论极性与产品销量之间的关系，对于品牌价值较低的产品，正面（负面）在线评论增加（降低）产品销量，而对品牌价值较高的产品，在线评论极性的影响则不显著。唐等（Tang et al.，2014）则研究了两类中性消费者评论：混合中性评论（包含正面和负面的评论）和无差异中性评论（不含正面和负面的评论），结果显示混合中性评论加强了正面和负面在线评论的影响，而无差异中性评论弱化了正面和负面在线评论的影响。谢瓦利埃和梅兹林（Chevalier & Mayzlin，2006）利用星级占比表示在线评论极性，结果显示负面评论的影响大于正面评论的影响。然而，陈和卢里（Chen & Lurie，2013）却指出时间连续性信号（temporal contiguity cues）可以减弱这种负面评论影响大于正面评论影响的情况，时间连续性信号表示消费者在使用该产品后就立刻撰写评论，这样评论阅读者就会减少将正面评论归因于消费者，更多地归因于产品本身。谢瓦利埃等（Chevalier et al.，2018）还指出企业的管理回复会促进消费者的在线评论行为，特别是会增加消费者发布负面评论的数量，这是因为企业对消费者的负面评论回复得更多更详细。

2.1.5　在线文本评论

在线文本评论是在线评论的重要组成部分，在线文本评论往往会提供在线评论得分以外的额外信息，能提高消费者的决策准确性。当在线评论得分存在不一致时，消费者只能选择阅读在线文本评论。通过阅读在线文本评论，消费者对产品的特征感知加强，更加了解评论者的偏好，最终做出更好的决策。帕克和金（Park & Kim，2008）将在线文本评论分为简单推荐型与属性价值型在线评论。达斯和陈（Das & Chen，2007）利用文本挖掘技术，根据特殊的词和短语将在线文本评论分为正面的在线评论和负面的在线评论。李和布拉德洛（Lee & Bradlow，2007）将在线文本评论分为高质量的在线评论和低质量的在线评论，通过实验室实验，研究发现高质量的文本评论的影响大于低质量的文本评论的影响。路德维希等（Ludwig et al.，2013）通过文本挖掘技术，分析了在线文本评论的情感变化对购买转化率的影响，结果发现在线文本评论中正面情感变化越大则对后续的购买转化率的影响越小。另外，有研究通过对在线文本评论中的产品属性的提取，分析各个属性对销量影响的相对重要性（Decker & Trusov，2011；Archak et al.，2011）。克朗罗德和丹泽格（Kronrod & Danziger，2013）指出对于娱乐产品来说，当文本评论中包含更多的修辞语言时，消费者对该产品容易产生更有利的态度。刘和卡拉哈纳（Liu & Karahanna，2017）指出，当在线评论中存在着大量相互矛盾的观点时，在线评论在形成消费者产品属性偏好时存在着摇摆效应，也就是说消费者的产品属性偏好更容易受在线评论特征的影响，而不是受产品属性与消费者决策的相关性的影响。

2.1.6 在线评论有用性

在线评论有用性是指在线评论对后续消费者做出购买决策的帮助程度，目前很多网站都允许消费者对在线评论是否有用进行评价选择，如亚马逊网站和京东网站等。有很多因素可以影响到在线评论的有用性，很多学者指出在线评论极性会影响在线评论有用性。一般地，我们认为负面评论比正面评论的有用性更高，但吴（Wu，2013）却指出在控制在线评论质量的情况下，负面评论的有用性不一定显著地高于正面评论的有用性。孟丹比和舒夫（Mudambi & Schuff，2010）分析了亚马逊网站上的六类产品的在线评论数据，发现对于基于体验的产品来说，中性评论比极端评论有用性更强，因为中性评论被认为更加平衡和可信任，而极端评论使得消费者将评论更多地归因于评论者本身。奇玛和帕帕特拉（Cheema & Papatla，2010）认为在线评论中两面性的评论比一面性的评论更具有说服力，因此也被认为有用性更强。

查特吉（Chatterjee，2020）发现越极端的在线评论标题和内容会导致在线评论的有用性越低。

有学者指出在线评论本身的特征会影响在线评论有用性。孙等（Sun et al.，2019）利用京东网站的在线评论数据，研究发现在线评论信息性（包括在线评论中所揭示的产品属性及产品属性的平均长度）对消费者所感知的在线评论有用性存在正向影响，而且产品类型（基于体验的产品或基于搜索的产品）调节在线评论信息性与在线评论有用性之间的关系。汪旭晖等（2017）通过实验研究发现，对基于搜索的产品而言，解释行为的在线评论与消费者评论感知有用性呈正相关关系；对基于体验的产品而言，解释反应的在线评论与消费者评论感知有用性呈正相关关系。另外，张艳辉和李宗伟（2016）还指出上传图片、追加评论和卖家回复对在线评论有用性具有正向影响作用。殷等（Yin et al.，2014）通过文本挖掘分析雅虎网站上的真实评论，发现带有忧虑担心情绪的在线评论比带有生气情绪的在线评论有用性更高。殷等（Yin et al.，2021）进一步指出尽管在负面评论中包含生气的情绪会降低在线评论的感知有用性，但是在负面评论中包含生气的情绪却会增加在线评论对消费者态度的负面影响。

还有学者指出评论者的特征会影响在线评论有用性。比拉尔等（Bilal et al.，2021）利用美国评论网站（Yelp. com）的在线评论数据，发现在线评论的有用性不仅与在线评论本身的特征有关，还跟评论者的特征有关，如评论者社交网络强度等。赖希和马格里奥（Reich & Maglio，2020）还指出，当评论者在评论中提到他们曾经的购买错误时，该评论往往被认为有用性更高，从而也会提高看到该评论的消费者的购买意愿。雷等（Lei et al.，2021）也指出评论者在撰写评论时他们的关注点是不同的，有些评论者关注的是自身的经历，而另一些评论者关注的是其他未来可能阅读评论的潜在消费者，他们认为评价者的关注点可能通过反向过程影响消费者的在线评论感知有用性。刘等（Liu et al.，2021）认为评论者的人格特质会影响评论有用性，结果显示，评论者的开放性、责任心、外倾性和宜人性会正向影响在线评论的有用性，而评论者的神经质会负向影响在线评论的有用性。

最后，在线评论有用性对产品的销量也存在一定的影响（Ghose & Ipeirotis，2011；Chen et al.，2008）。胡等（Hu et al.，2008）发现有用的评论对销量有显著影响，但是没用的评论对销量的影响不显著。陈等（Chen et al.，2008）发现亚马逊网站上的在线评论有用性越高，对销量的影响越大，这种影响在不流行产品中更显著。可能的原因是，对于不流行的产品来说，消费者很难找到该产品相关的信息，因此，更依赖于有用性高的在线评论，从而导致有用性高的在线评论对不流行的产品销量的影响更大。

2.2 在线评论对产品销量的影响

在线评论对产品销量影响的相关研究一直是在线评论研究的热点，有较多的学者已经对在线评论对产品销量影响进行了探讨。我们通过文献检索，搜索到了大量的关于在线评论对产品销量影响的文献，我们梳理了一些代表主流学术观点的文献，如表 2 - 1 所示。

下面，我们通过对表 2 - 1 中文献的研究情境进行分类，从行业角度，例如，图书行业、电影行业、酒店行业、数码产品行业和数字产品行业等，对在线评论对产品销量的影响进行综述。

在线评论的研究最开始集中在图书行业，主要是因为图书行业是较早开始进行网络销售的产品，因此，图书的相关数据也是学术界最早能够获取的数据。陈等（Chen et al.，2004）利用亚马逊的图书数据，研究发现在线评论平均得分对图书销量影响不显著，但是在线评论数量对图书销量有正向影响。这个结论也被中国学者龚诗阳等（2012）证实，该研究利用的是当当网和豆瓣网的数据。随后，谢瓦利埃和梅兹林（Chevalier & Mayzlin，2006）利用了亚马逊和巴诺网站上的图书数据，通过对比两网站上同一本图书的在线评论，发现在线评论得分的提高对相应网站上该图书的销量有正向影响。福尔曼等（Forman et al.，2008）也利用了亚马逊上的图书数据，研究了评论者身份披露信息对销量的影响，结果发现身份披露的评论者比例对图书销量有显著的正向影响。

表 2 - 1　在线评论对产品销量影响的相关研究

作者	年份	研究情境	资料来源	样本	研究方法	自变量	结论
Chen et al.	2004	图书	亚马逊网（2003年12月）	610本图书	多元回归	评论平均得分；评论数量	在线评论平均得分对图书销量影响不显著，但是在线评论数量对销量有正向影响
Godes & Mayzlin	2004	电视节目	销量数据来源尼尔森评分；评论来源网络新闻群组（1999~2000年）	44个电视节目	多元回归	评论平均得分；评论数量；评论离散程度	在线评论平均得分和离散程度对销量有正向影响，但是评论数量的影响不显著
Liu	2006	电影	雅虎电影（2002年5月~2002年9月）	40部电影	多元回归	评论数量；正面评论比例；负面评论比例	在线评论对总票房和票房有显著的解释力，但是主要来自在线评论数量，而不是来自正面或负面评论的比例
Chevalier & Mayzlin	2006	图书	亚马逊网，巴诺网（2003~2004年）	样本1：2387本图书 样本2：2082本图书 样本3：1636本图书	差分回归	评论平均得分	在线评论平均得分的提高对相应网站该图书的销量有正向影响
Clemons et al.	2006	手工啤酒	啤酒评论网（Rate-beer.com，2000年4月~2004年7月）	1159个手工啤品牌	多元回归	评论平均得分；评论离散程度；极端评论数量	在线评论平均得分和评论离散程度与手工啤酒的销量有正相关关系；高极端评论对手工啤酒销量有关系，低极端评论；评论数量对手工啤酒销量的影响不显著
Pavlou & Dimoka	2006	易趣在线拍卖	易趣网、电子邮件问卷调查	420份问卷	结构方差模型	文本评论	包含商家过去良好行为的文本评论可以提高消费者对商家的善意性信任和可靠性信任产生价格溢价

续表

作者	年份	研究情境	资料来源	样本	研究方法	自变量	结论
Dellarocas et al.	2007	电影	电影票房统计网（box-officemojo.com），雅虎电影、好莱坞报告（2002 年）	80 部电影	扩散模型	评论平均得分；评论数量；评论离散程度	若使用恰当，评论平均得分、评论数量和评论离散程度对销售都上都是显著的。另外，前期在线评论数量是很好的电影票房代理变量
Duan et al.	2008	电影	电影票房统计网（box-officemojo.com），雅虎电影（2003 年 7 月～2004 年 5 月）	71 部电影	两方程联立	评论平均得分	在线评论平均得分对电影票房的影响。评论平均得分对电影票房的影响不显著
Jiang & Wang	2008	数码相机维生素	亚马逊网（2007 年 3 月～2007 年 4 月）	355 部相机 139 种复合维生素产品	多元回归	评论平均得分；产品质量	一个公司在线评论得分的提高对该公司的销量有正向影响，但对其竞争对手的销量有负向影响；如果高质量产品的评论得分增加，那么高质量和低质量的公司的销量都会增加
Forman et al.	2008	图书	亚马逊网（2005 年 4 月～2006 年 1 月）	786 本图书	多元回归	评论平均得分；身份披露的评论者比例	在线评论平均得分对图书销量没有显著影响；但是身份披露的评论者比例对图书销量有显著的正向影响
Hu et al.	2008	图书 DVD 视频	亚马逊网（2005 年 7 月）	10052 本图书 9988 个 DVD 10000 个视频	组合分析法 方差分析	好评与差评；评论者质量；评论者披露程度	得到好评的产品销量会增加，得到差评的产品销量会降低；对于评论量大的评论，这种影响更显著，对于评论质量高和披露差异更加显著，对于评论质量低和披露程度小的评论，这种影响差异不显著
Ye et al.	2009	酒店预定	携程网（2008 年 2 月）	248 家酒店	多元回归	评论平均得分；评论方差	在线评论平均得分对酒店预定销量有显著的正向影响；而评论方差对酒店预定销量有显著的负向影响

续表

作者	年份	研究情境	资料来源	样本	研究方法	自变量	结论
Lee	2009	虚拟购物网站	实验室实验	258个大学生	多元方差分析	评论质量；评论数量	在线评论质量和评论数量对产品销量有显著的正向影响
郝媛媛等	2009	电影	电影票房统计网（boxofficemojo.com），雅虎电影（2006年）	52部电影	广义最小二乘法	评论极性；极端好评；极端差评；评论数量	在电影公映的第三周评论极性对电影票房收入存在显著的影响，且此种影响超过评论数量对电影票房收入的正向影响。极端好评对电影票房收入的负向影响大于极端差评对电影票房收入的正向影响，而中性评论对电影票房收入没有显著影响
Zhu & Zhang	2010	视频游戏	游戏资讯网（GameSpot.com，2003年3月~2005年10月）	141个游戏	差分回归	评论平均得分；评论得分变异系数；评论数量；上网流行程度；上网经验	在线评论平均得分、评论得分变异系数和评论数量对流行程度较低产品的用户影响更大
Chintagunta et al.	2010	电影	雅虎电影（2003年11月~2005年2月）	148部电影	多元回归	评论平均得分；评论数量	在线评论平均得分和评论数量对全国市场的电影票房市场影响不同。在线评论平均得分对区域市场的电影票房市场有显著的正向影响，但对全国市场的电影票房无显著影响；评论数量对区域市场的电影票房无显著影响，但对全国市场的电影票房有显著的正向影响

续表

作者	年份	研究情境	资料来源	样本	研究方法	自变量	结论
Zhang et al.	2010	餐厅	大众点评网（2009年2月）	1242家餐厅	多元回归	评论得分；评论数量；专家评论	在线评论得分和评论数量对餐厅的受欢迎程度有显著的正向影响；而专家评论对餐厅的受欢迎程度有显著的负向影响
Berger et al.	2010	图书	纽约时报（2001~2003年）	244本精装小说	多元方差分析	正面评论；负面评论	正面评论对图书销量有显著的正向影响；负面评论对意识者较低的图书销量有显著的正向影响
Sparks & Browning	2011	酒店	实验室实验	554个实验参与者	多元方差分析	正面评论得分；负面评论得分；正面文本评论；负面文本评论	当整体评论得分为负面时，负面文本影响更加强烈；当整体评论得分为正面文本评论也为正面，在线评论对酒店预订有显著的正向影响
Sonnier et al.	2011	某新产品	某公司在线交流平台（2007年4月~2007年12月）	关于该产品的所有在线评论	分类变量线性回归模型	正面评论；中性评论	正面评论和中性评论对产品的销量有显著的正向影响，且正面评论的影响大于中性评论的影响；而负面评论对产品的负向影响
Sun	2012	电影图书	电影票房统计网站（Boxofficemojo.com，2002年1月~2006年10月），亚马逊网和巴诺网（2009年1月）	403部电影 892本图书	多元回归差分回归	评论平均得分；评论方差	在线评论平均得分对产品销量有显著的正向影响；当在线评论平均得分较低时，评论方差对产品销量有正向影响

续表

作者	年份	研究情境	资料来源	样本	研究方法	自变量	结论
Chen et al.	2012	电影	雅虎电影（2005年2月～2006年4月）	14家媒体 21家电影制作	多元回归	第三方在线评论	第三方在线评论对企业股票收益率有显著的正向影响；第三方在线评论对企业价值也有动态影响，在电影公映前影响最大，但在电影公映当天影响消失
Gu et al.	2012	数码相机	亚马逊网（2007年6月～2007年10月）	Canon数码相机 Nikon数码相机	多元回归	内部在线评论 外部在线评论	对于高卷入产品来说，内部在线评论对产品销量的影响很有限，而外部在线评论对产品销量有显著的正向影响
龚诗阳等	2012	图书	当当网、豆瓣网（2011年4月～2011年7月）	487本图书	多元回归 差分回归	评论平均得分 评论数量	在线评论平均得分对销量影响不显著；评论数量对图书销量有显著的正向影响
Zhao et al.	2013	图书	一家美国企业	850本图书	结构模型	评论数量	在线评论数量对企业利润的影响随着时间推移呈现减弱效应
李慧颖	2013	飞利浦电动剃须刀；欧树蜂蜜面洁凝胶	淘宝网	825家商店销售飞利浦电动剃须刀；133家商店销售欧树蜂蜜面洁凝胶	结构方程模型	商家信誉；商品描述中的评论	商家信誉对产品销量存在显著的正向影响；商品描述中的在线评论对产品销量存在显著的正向影响
王君珺和闫强	2013	手机	京东网（2013年1月～2013年5月）	253部手机	多元回归 相关性分析	评论长度；评论平均得分；评论及时度；品牌热度	评论长度对热门品牌销量的影响小于在线评论对非热门品牌销量的影响。在线评论平均得分对热门和非热门品牌销量均无显著影响；评论及时度对热门品牌销量的影响大于非热门品牌销量的影响

续表

作者	年份	研究情境	资料来源	样本	研究方法	自变量	结论
Liu et al.	2014	移动应用	谷歌应用市场（Google Play，2011 年 11 月～2012 年 1 月）	1597 个付费版移动应用 1740 个免费版移动应用 709 个最盈利移动应用	最小二乘法回归	付费版在线评论得分；免费版在线评论得分和排名；是否提供免费版	免费版在线评论得分越高，免费版的排名越高，付费版排名也越高；当提供免费版时，付费版在线评论得分变不显著对付费版产品的影响对
Jabr & Zheng	2014	图书	亚马逊网（2007 年 5 月～2009 年 5 月）	1740 本图书	随机效应模型；面板数据分析	企业（或竞争对手）推荐的中心性；竞争对手评论；意见领袖的集体支持（或反对）	企业（竞争对手）推荐的中心性越高，该企业的产品销量越高；竞争对手评论的提高会导致企业产品销量的降低（反对）；意见领袖的集体支持（降低）会提高（降低）企业产品销量
龚艳萍和梁树霖	2014	新技术产品	问卷调查	274 份问卷	结构方程模型	评论的内容质量；评论数量；正向评论；评论者的资信度	评论的内容质量、正向评论和评论者的资信度间接或直接影响消费者购买意愿；但是评论数量对消费者购买意愿的影响不显著
戴和忠	2014	手机阅读	中国移动手机阅读平台（2013 年 6 月）	2417 本图书	多元回归	评论平均得分；评论数量；差评率	在线评论平均得分对初次体验率有显著的正向影响；评论数量对阅读率有显著的正向影响；差评率对阅读率有显著的负向影响
廖俊云和黄敏学	2016	酒店	美团网	252 个酒店	两方程系统模型	评论得分分布偏差	在线评论得分分布偏差对于产品销量有显著的负向影响，但是品牌的作用能削弱这一负向影响；在线评论平均得分和在线评论数量较高时，在线评论得分分布偏差的负向作用更加明显

续表

作者	年份	研究情境	资料来源	样本	研究方法	自变量	结论
Wang et al.	2016	生活用品	淘宝网	825个剃须刀，133个洁面啫喱卖家	分层回归	嵌入产品描述的在线评论	嵌入产品描述的在线评论的存在能够显著地提升产品销量
Chen et al.	2017	软件	移动应用下载量统计网站（https://download.cnet.com, 2010年11月~2011年5月）	70个同时具有免费版和付费版的软件	贝叶斯层次框架；四个层次方程联立	免费版销量；在线评论	免费版销量越大，不仅导致付费版销量也越大，而且在线评论对付费版销量的影响也越大
Banerjee et al.	2017	本地商业	美国评论网站（Yelp.com）	77000家本地商业	多元回归	在线信誉（即评论得分×评论数量）	本地商业的在线信誉正向影响顾客本地商业的光顾顾量
Sahoo et al.	2018	北美专业零售店	该零售店的线上和线下数据（2010年7月~2012年6月）	该零售商3个品牌的所有数据	多元回归	评论的存在	在控制消费者、产品和渠道等其他因素在线评论存在的情况下，当在线评论存在的情况下，产品的退货率较低
石文华等	2018	无线路由器	天猫商城	80个无线路由器产品	多元回归	初次评论的评论情感倾向；追评的评论倾向；评论数量；评论长度	在线初次评论、在线追加评论的情感倾向得分，初次在线评论的数量相比于在线初次评论对产品销量有显著的正向影响，其中，在线追加评论的情感倾向对产品销量将会产生更大的影响
汪旭晖等	2018	电视机	京东网	63种智能电视机的17期非平衡面板数据；43种普通电视机的17期非平衡面板数据	多元回归、差分回归	评论数量；负面评论；正面评论	在线评论数量对弱势品牌的销量及品牌强度的影响均比强势品牌大；弱势品牌通过在线评论形成正反馈循环，而强势品牌不具有此种特性；负面在线评论对正面在线评论强度的影响度的影响弱于正面在线评论

续表

作者	年份	研究情境	资料来源	样本	研究方法	自变量	结论
Chen et al.	2019	酒店	携程网、艺龙网（2006 年 1 月~2008 年 12 月）	携程网上 2733 个酒店；艺龙网上 1759 个酒店	三重差分法	评论管理回复；评论数量；评论得分	在线评论管理回复，无论是对正面评论的回复还是对负面评论的回复，都可以增加后续在线评论的数量，从而导致酒店销量的增加；但是在线评论管理回复对在线评论得分的影响不显著
袁海霞等	2019	家用电器	天猫商城	12 个小型家用电器的 34 期基本数据	挖掘分析主题模型；基于埃利亚诺－邦德（Aellano-Bond）的广义矩法	基于内在属性的基率信息；基于外在属性的基率信息；基于物流服务的基率信息；评论数量；评论平均得分；评论偏好差异性	基于内在属性与物流服务的基率信息弱化了评论平均得分对销量的影响；基于外在属性的基率信息强化了评论平均得分对销量的影响；评论数量对销售的基率信息越低，基于内外在属性对销售的基率影响越小；消费者偏好的评论差异性对销售得分数量的影响，基于内在属性化的评论得分对评论数量的影响效果
Li et al.	2019	平板电脑	由王等（Wang et al., 2014）提供	794 个平板电脑	情感分析与主题分析相结合	评论得分；评论总体情感；正面情感；负面情感	在线评论得分和在线评论总体情感对产品销量有正向影响，在给定在线评论情感对产品销量正向影响的情况下，在线评论正面情感对销量的影响显著，但负面情感的影响不显著。另外，在线评论得分在情感对销量的关系中起到中介作用
He et al.	2020	平板电脑	亚马逊网	147 个平板电脑	多元回归	被认证购买者评论的比例	被认证购买者评论的比例越高，产品的销量越高，并且认证购买者评论比例对销量的影响主导了在线评论得分对销量的影响

续表

作者	年份	研究情境	资料来源	样本	研究方法	自变量	结论
齐托托等	2021	付费知识	知乎网	4625条知乎数据	多元回归	评论数量；评论好评率；评论可读性；评论长度；评论主观性	在线评论数量、在线评论可读性以及在线评论好评率正向影响付费产品销量，在线评论长度负向影响知识付费产品销量，在线评论主观性对知识付费产品销量影响不显著。同时，产品类型（实用型产品与享乐型产品）调节上述关系
Alzate et al.	2021	化妆品	美国化妆品零售网站	119个化妆品	系统广义矩估计	评论数量；评论平均得分；评论分析一致性；评论真实性；评论者自信心	在线评论的相关变量都会影响产品销量，但是影响程度的大小及影响的正负性，会随着在线评论可见性的变化而改变
Kim	2021	酒店	艾派克网（Expedia.com）	633029个消费者	多级方程组	评论得分；产品质量信息线索	在线评论评分提高1颗星，产品销量提高46%。在线评论得分与产品质量之间存在着负作用，也就是说当负有其他产品质量信息线索的时候，消费者在做出网络购物决策时更少依赖在线评论得分

在电影行业，在线评论对电影票房的影响也引起了学者的广泛关注。刘（Liu，2006）利用雅虎电影的相关数据，发现在线评论对总票房和周票房有显著的解释力，但是主要来自在线评论数量，而不是在线评论极性。郝媛媛等（2009）也利用雅虎电影的相关数据，发现在电影公映的第三周评论极性对电影票房收入存在显著影响，且此种影响超过在线评论数量的影响；极端好评对电影票房收入的正向影响大于极端差评的负向影响，而中性评论对电影票房收入没有显著影响。钦塔古塔等（Chintagunta et al.，2010）研究了在线评论对全国市场和区域市场的不同影响，发现在线评论平均得分对区域市场的电影票房有显著的正向影响，但对全国市场的电影票房无显著影响；在线评论数量对区域市场的电影票房无显著影响，但对全国市场的电影票房有显著的正向影响。陈等（Chen et al.，2012）研究了第三方在线评论对电影票房的影响，发现第三方在线评论对电影票房的影响，在电影公映前有显著的正向影响，在电影公映当天影响最大，但在电影公映后影响不显著。

随着在线预订酒店网站的兴起，学者们也开始利用酒店行业的相关数据来研究在线评论的影响。叶等（Ye et al.，2009）利用携程上的酒店预订数据，发现在线评论平均得分对酒店预订销量有显著的正向影响；而在线评论方差对酒店预订销量有显著的负向影响。廖俊云和黄敏学（2016）利用美团上的酒店数据研究在线评论得分分布偏差的影响，发现在线评论得分分布偏差对于产品销量具有显著的负向影响，但是品牌的作用能削弱这一负向影响；在线评论平均得分和在线评论数量较高时，在线评论得分分布偏差的负向作用更加明显。金（Kim，2021）利用艾派迪（Expedia.com）网站上的消费者层面的数据研究其他产品质量信息线索的作用，结果发现在线评论得分与产品质量信息线索之间存在着负向的交互作用，也就是说当存在着其他产品质量信息线索的时候，消费者在做出网络购物决策时更少依赖在线评论得分。

由于数码产品是以搜索属性为主的产品，可以排除消费者偏好的影响，因此，也有一部分学者利用数码产品的相关数据来研究在线评论的影响。顾等（Gu et al.，2012）利用数码相机的数据研究内部在线评论与外部在线评论影响的区别，结果发现对于高卷入产品来说，内部在线评论对产品销量的影响很有限，而外部在线评论对产品销量有显著的正向影响。汪旭晖等（2018）利用电视机的数据研究在线评论在弱势品牌和优势品牌的影响差异，结果显示在线评论数量对弱势品牌的销量及品牌强度的影响均比强势品牌大，弱势品牌通过在线评论形成正反馈循环，而强势品牌不具有此种特性。赫等（He et al.，2020）利用平板电脑的数据研究被认证购买者评论的影响，结果显示被认证购买者评论的比例越高，产品的销量越高，并且被认证购买者评论比例对销量的影响主导了在线评论得分对销量的影响。

随着数字产品行业的兴起，越来越多的学者利用数字产品的数据来研究在线评论的影响。朱和张（Zhu & Zhang，2010）利用视频游戏的相关数据研究在线评论对不同流行程度的产品和不同上网经验的用户的影响，结果显示在线评论平均得分、在线评论得分变异系数和在线评论数量对流行程度较低产品、上网经验丰富的用户影响更大。刘等（Liu et al.，2014）利用移动应用的相关数据研究在线评论对免费版和付费版销量的影响，结果显示免费版在线评论得分越高，免费版的排名越高，付费版排名也越高，但当免费版存在的情况下，付费版在线评论得分对付费版排名的影响变得不显著，研究认为免费版与在线评论存在着替代关系。陈等（Chen et al.，2017）利用软件的相关数据研究免费版与在线评论的关系，结果显示免费版销量越大，不仅导致付费版销量也越大，而且消费者评论对付费版销量的影响也越大，研究认为免费版与在线评论存在着互补关系。齐托托等（2021）利用知乎上付费知识的相关数据研究在线评论的影响，结果显示在线评论数量、在线评论好评率以及在线评论可读性正向影响知识付费产品销量，在线评论长度负向影响知识付费产品销量，在线评论主观性对知识付费产品销量影响不显著。夸克等（Kwark et al.，2021）利用点击流数据研究在线评论的溢出效应，结果显示替代（互补）产品的在线评论平均得分对当前产品的销量有负面（正面）的影响，且在线评论平均得分的溢出效应对替代或互补产品的影响大于对当前产品的影响。另外，在线评论平均得分的溢出效应对消费经验较少的消费者来说更强；替代产品的在线评论平均得分的溢出效应对购买与当前产品不同品牌产品的作用更强。李等（Lee et al.，2021）利用电子图书数据研究未完成阅读的消费者给出的在线评论对后续电子图书销量的影响，结果显示，完成阅读的消费者给出的在线评论比未完成阅读的消费者给出的在线评论有用性更高，未完成阅读的消费者给出的在线评论对电子图书销量有着显著的负向影响。

2.3 在线评论对企业决策的影响

通过上述在线评论对产品销量影响的综述，我们可以知道，在线评论对产品销量和企业利润会产生巨大的影响，因此，企业也会根据在线评论而改变其企业策略，例如，定价策略、产品设计策略、销售渠道策略、产品信息展示策略、广告策略等。下面，我们针对在线评论对企业策略（定价策略、产品设计策略、销售渠道策略、产品信息展示策略、广告策略等）的影响分别进行综述。

2.3.1 企业的定价策略

对于在线评论对企业策略影响的相关研究中，最受学者们关注的是在线评论影响下企业的定价策略。首先，在线评论得分及在线评论内容对企业的定价策略和利润会产生一定影响。李和希特（Li & Hitt，2010）指出受价格的影响会导致评论所传达的质量信号有所偏差，并构建了基于这种偏差的最优定价模型。冯和李（Feng & Li，2011）研究在产品价格和在线评论的交互作用下如何最优化商家定价策略，研究结果显示，对于横向差异的产品，如果产品特征的不确定性很高，那么在产品初始阶段商家应该制定高价格；对于纵向差异产品，如果产品质量不够好，那么在产品初始阶段商家应制定低价格以促进销量。郝等（Hao et al.，2011）研究第三方软件应用市场上的消费者评分行为，构建了一个双向评分 – 效用系统，并检验了哪些消费者评分行为的变化可以改变软件开发人员的最优质量和价格选择，以及第三方平台的最优利润分享政策。刘洋和廖貅武（2013）研究在线评分机制与网络效应对软件开发者定价策略的影响，研究发现若软件质量低于用户期望时，评论得分传递的信号较为真实，当产品的网络效应较小时，软件开发者应先高价后低价，当产品网络效应较大时，软件开发者应先低价后高价。姜和陈（Jiang & Chen，2007）构建了垄断情况下和双寡头竞争情况下的博弈模型，结果发现，在初始阶段企业是有可能制定较低的价格来吸引专家消费者以提高后期产品评论得分；另外，通过比较垄断情况和双寡头竞争情况下的博弈结果，发现在线评论存在的情况下，垄断情况下的消费者剩余和社会福利会比双寡头竞争情况下要高。李等（Li et al.，2011）将在线评论信息性定义为从评论中接收到关于产品价值的正确信号的概率，若在线评论信息性高则消费者从评论中得到关于产品价值的正确信号的概率就大。利用这个定义，他们研究了在重复购买下的双寡头竞争模型，结果显示，对于一个销售可重复购买产品的公司，在线评论的最终影响取决于三种效应的相对强度，这三种效应分别是需求增加效应、切换风险降低效应以及切换收益降低效应。这三种效应使得在线评论信息性与公司收益呈现 S 形曲线。刘等（Liu et al.，2017）通过构建具有不同偏好的从众消费者的两阶段双寡头博弈模型研究在线评论和销量数据信息对企业定价策略的影响，结果显示，在线评论和销量数据信息对企业利润的影响是相互增强的，市场生产信息（即在线评论和销量数据信息）的影响强度取决于产品特征（即消费者对非偏好产品的失配程度）和消费者对两产品的事前感知差异。一般地，我们认为更准确的信息对高质量企业和消费者有利，但是研究结论却指出更准确的信息对企业是不利的，这是因为企业会调整价格来诱导或应对有利的市场生成信息。冯等（Feng et al.，2019）通过构建基于不同横向消费者偏好或不同纵向消费者偏好的产品的博弈模型研究在线评论对企业动态定价策略的影响，结果显示，垄断企业不仅可以通过操纵价格来影响在线评论，从而影响产品销量，也可以动态调整其产品价格来回应在线评论。蔡学媛等（2020）通过构建依赖零售渠道在线评论的消费者选择模型来研究在线评论信息如何影响网络消费者购买决策及在线零售商和制造商的定价策略，结果显示，当制造商基于评论制定最优定价策略时，在线评论对市场竞争强度没有影响，但决定潜在市场大小；由于评论增加了不同产品需求的不对称性，零售商因而具有更大的调价空间，往往通过提高（降低）占据有利（不利）评论的产品价格获得更高的利润。

其次，在线评论数量也会对企业的定价策略和利润产生影响。刘洋等（2014）则从消费者评论数量的角度定义在线评论信息性，每条在线评论都传递一个质量信号，在线评论信息性就是将所有评论的质量信号按照贝叶斯法则进行叠加。研究显示，当用户事后期望效用大于零时，在线评论具有正向口碑效应，企业的最优定价随着在线评论数量的增大而提高；当用户事后期望效用小于零时，在线评论具有负向口碑效应，企业的最优定价随着在线评论数量的增加而减少。张等（Zhang et al.，2021）通过构建由一个零售商销售由两个竞争厂商生产的产品和一单位不确定产品质量的消费者组成的博弈模型研究在线评论数量的影响，研究显示，零售商和生产厂商对在线评论数量的偏好是不一致的，如果在线评论是不花钱的，额外增加的在线评论会令零售商利润增加，但是当在线评论数量超过一定临界值时，额外增加的在线评论会令生产厂商利润受损。另外，如果消费者对产品的不确定性不是太高时，生产厂商并不喜欢有在线评论的存在；当零售商产生在线评论的费用足够大的时候，零售商比生产厂商还希望降低在线评论的数量。

2.3.2 企业的产品设计策略

消费者可以通过在线评论表达自己对产品的偏好，而企业可以将消费者在评论中表达的偏好纳入产品设计中去。夸克等（Kwark et al.，2018）认为在线评论的存在使得企业更加了解消费者，即在线评论的精度提升效应，在线评论的公共性使得企业信息相关性更高，即在线评论的相关性增加效应，通过构建两个竞争企业对消费者的位置或偏好不确定的博弈模型研究在线评论信息对企业产品设计的影响，结果显示，当企业不确定消费者偏好并选择产品位置时，企业和消费者是否能够从在线评论中获利取决于精度提升效应和相关性增加效应的大小，只有当相关性增加效应中等时，企业和消费者才会出现双赢的情况，但是在线评论的存在总能使得社会福利增加。杨等（Yang et al.，2019）研究从在线评论中分离用户体验数据并应用于产品设计，通过分面概念模型来阐明用户体验的关键因素，作为连接产品设计的操作机制，提出了一种从在线评论中建立用户体验知识库的方法，支持以用户体验为中心的设计活动，该方法包括三个阶段，即用户体验发现（从单个评论中提取用户体验数据）、用户体验数据集成（对相似数据进行分组）及用户体验网络形式化（建立用户体验组之间的因果关系）。

2.3.3 企业的销售渠道策略

在线评论对供应链的上游企业、在线零售商的销售模式选择及其他销售渠道的企业决策也会产生影响。夸克等（Kwark et al.，2014）研究在线评论对销售渠道结构中的不同参与者的影响，构建了由一个零售商销售两个制造商的产品的博弈模型，将信息源信息性定义为消费者从信息源中获得的关于产品的信号与自己的真实偏好匹配的概率，信息源包括产品描述说明、在线评论等，而在线评论提供了其他信息源所不能提供的额外信息，因此在线评论存在时信息源信息性大于在线评论不存在时信息源信息性，结果显示：在线评论对制造商之间的竞争的影响是决定零售商和制造商是否盈利的关键，而制造商之间的竞争受到质量信息和匹配信息的不同影响。质量信息同质化两产品消费者感知效用的差异并增强了制造商之间的竞争，因此质量信息对零售商有利但对制造商不利；匹配信息异质化消费者对产品匹配程度的估计并减弱了制造商之间的竞争，因此匹配信息对零售商不利但对制造商有利。夸克等（Kwark et al.，2017）指出在线零售有两种模式：批发模式（即在线零售商从竞争制造商购买产品并再次销售给顾客）和平台模式（即让竞争制造商通过平台直接将产品销售给顾客），该研究通过构建博弈模型研究在线评论的存在是否影响在线零售商对销售模式的选择，结果显示：在线零售商可以利用在线销售模式（批发模式或平台模式）的选择作为战略工具，使其从在线评论中获利。当在线评论的信息准确性高（低）的时候，如果质量维度占主导地位,在线零售商可以采纳批发模式(平台模式)从在线评论中获利;如果匹配维度占主导地位,在线零售商可以采纳平台模式(批发模式)从在线评论中获利。李等(Li et al.,2019b)通过构建由一个线下零售商和在线零售商组成的博弈模型研究线下零售商是否应该集成在线消费者评论,结果显示:当在线零售商选择批发模式时,如果集成在线消费者评论的信息性高于线下零售商店内的信息服务,那么线下零售商选择集成在线消费者评论是可行的;当在线零售商选择平台模式时,如果溢出效应为负和不匹配成本较低时,即使集成在线消费者评论的信息性低于线下零售商店内的信息服务,线下零售商也应该选择集成在线消费者评论;研究还指出线下零售商选择集成在线消费者评论在某些条件下降低了市场竞争。张志坚等(2021)通过构建由制造商和在线零售商组成的博弈模型研究在线零售商是否提供在线评论服务的策略选择问题及在线评论对供应链上的制造商的影响,结果显示:当产品退货率较低时,在线零售商提供在线评论服务的策略对供应链上的制造商和消费者均有利。郑本荣等(2022)通过构建不考虑和考虑在线评论的双渠道供应链博弈模型来研究在线评论影响下供应链的定价和服务投入决策,结果显示:在线评论会激励零售商提高服务投入水平,当在线评论有效性水平足够高时,其对制造商有利,零售商服务投入可有效消除供应链双重边际效应;当在线评论正向作用较强且精度足够高时,其对零售商有利。

2.3.4 企业的其他策略

在线评论对企业的其他策略也会产生影响,例如,产品信息展示策略、广告策略和定向市场播种策略等。陈和谢(Chen & Xie,2008)认为,在线评论是根据消费者自身使用经历产生的产品信息,可以作为一种营销手段,通过构建博弈模型研究在线评论与产品信息展示之间的交互作用,结果显示:在线评论的提供是否能够使得在线商家获利,取决于产品特征、评论信息性、卖家产品分类策略、部分匹配消费者的感知产品价值和消费者异质性。霍伦贝克等(Hollenbeck et al.,2019)利用美国旅游评论网站(Tripadvisor.com)

的在线评论数据研究在线评论对企业广告支出的影响，结果显示，在线评论得分与广告支出存在着负向相关关系，即在线评论得分越高的酒店广告花费越低，意味着在线评论和广告支出存在着替代关系，而不是互补关系。与连锁酒店相比，对独立酒店来说，在线评论对广告支出的影响更强，这说明强大的名牌知名度能够对在线评论产生一定的免疫度；与高分化市场相比，在低分化市场中在线评论对广告支出的影响更强。崔芳等（2017）认为通过定向市场播种获得的在线评论对其他潜在消费者的购买决策有较大的影响作用，通过加入在线评论对消费者预期值的影响作用来构建企业最优收益模型研究垄断厂商最优的定向播种策略，结果显示，最优播种目标与消费者对产品的初始预期值相关：当消费者对产品的初始预期值较高时，企业选择不播种；当消费者对产品的初始预期值中等时，企业选择向消费者进行均匀播种；当消费者对产品的初始预期值较低时，企业选择向高匹配用户进行播种。

2.4 在线评论操控及其影响

2.4.1 在线评论操控类型

在线评论操控主要可以分为两类：自我推销型在线评论操控和贬谪竞争对手型在线评论操控。自我推销型在线评论操控是指企业自身或通过奖励的方式让消费者发表关于企业产品或服务的正面评论。在 2004 年 2 月，由于软件错误，亚马逊加拿大站点错误地揭露了评论者的身份，发现大量的评论是由图书出版社或作者自己写的[①]。好评返现也是一种常见的自我推销型在线评论操控，商家通过返还现金的方式激励消费者给出高质量的好评，从而吸

---

① 纽约时报，http://www.nytimes.com/2004/02/14/us/amazon-glitch-unmasks-war-of-reviewers。

引更多的潜在消费者购买商品，这种操控方式影响了消费者在线评论的内容和质量（李婷婷和李艳军，2016）。商家也可以通过提供优惠券或包邮的形式来操控在线评论，吴等（Wu et al.，2021）的研究指出，不论时间距离长短，包邮可以提高在线评论得分；而当时间距离短时，优惠券可以通过加强省钱的感知观念来提高在线评论得分，当时间距离长时，优惠券会降低在线评论得分，这是因为此时提供优惠券会让消费者感知的产品质量降低。李琪和阮燕雅（2016）研究发现优惠券这种激励方式能显著激励消费者更加认真地给出内容更丰富（即同时包含主观因素和客观因素）、字数更长的评论，与承诺认真评论后赠送优惠券的形式相比，在评论前就主动将优惠券赠送给消费者对消费者的影响更大，但这两种优惠券发放形式对消费者最终形成的评论极端性和评论内容并无显著差异。梅兹林等（Mayzlin et al.，2014）发现，相对于连锁的酒店，独立的酒店更可能进行自我推销型在线评论操控。另外，卢卡和泽瓦斯（Luca & Zervas，2016）的研究也表明，当饭店收到负面评价后，更有可能进行自我推销型在线评论操控。

贬谪竞争对手型在线评论操控是指企业自身或通过奖励的方式让消费者发表关于其竞争企业的负面评论。谢瓦利埃和梅兹林（Chevalier & Mayzlin，2006）指出，相对于正面评价，消费者对负面评价的反应更大。因此，企业更倾向于采用贬谪竞争对手型在线评论操控，尤其是当企业与其竞争对手的产品是高度可替代的。梅兹林等（Mayzlin et al.，2014）指出，附近有其他竞争对手的酒店更容易收到负面评论。卢卡和泽瓦斯（Luca & Zervas，2016）发现，当面临激烈竞争时，饭店更容易进行贬谪竞争对手型在线评论操控。

从被操控的在线评论对消费者的影响角度出发，两类在线评论操控对消费者的影响是不同的，这与消费者的特征有关。在线评论平台，例如，美国评论网站（Yelp.com）和美国旅游评论网站（Tripadvisor.com），在搜索结果排序时会考虑在线评论的质量和数量，形成搜索结果列表。如果消费者从排名结果中仅考虑前几个选择形成考虑集时，自我推销型在线评论操控最有效；当消费者愿意进一步搜索列表形成考虑集时，贬谪竞争对手在线评论操控更有效（Lappas et al.，2016）。因此，在线评论平台或在线购物网站是否应该展示被操控的在线评论引起了学者的关注，阿南塔克里希南等（Ananthakrish-nan et al.，2020）研究指出，与删除被检测到的被操控的在线评论的做法相比，同时展示被操控的评论和未被操控的评论的在线评论平台或在线购物网站提供的信息更容易得到消费者的信任，但消费者并不能有效处理被操控评论的内容。

2.4.2　在线评论操控的经济影响

在线评论操控为企业带来了一定的经济价值，不同类型的企业从在线评论操控中获取的经济价值是不同的。梅兹林等（Mayzlin et al.，2014）利用两个美国旅游评论网站（Expedia. com 和 Tripadvisor. com）的评论机制的不同，在前一个网站上，消费者只能对自己通过网站预订至少一晚的酒店进行评价，而在后一个网站上，任何消费者都可以对酒店进行评价，也就是说，如果在线评论操控存在的话，更可能出现在后一个网站上。通过比较酒店在这两个网站上的在线评论分布差异就可以知道在线评论操控的情况，结果显示，单一拥有者的独立酒店从在线评论操控中获利最多，有多个拥有者的品牌连锁酒店从在线评论操控中获利最少。德拉罗卡斯（Dellarocas，2006）通过构建博弈模型研究在线评论操控对企业利润和消费者剩余的影响，结果显示，如果每个企业的操控是增加企业产品的真实质量，那么在线评论操控会增加在线评论对消费者的信息价值，也就是说在某些情境下在线评论操控的存在对消费者是有利的。拉帕等（Lappas et al.，2016）通过美国旅游评论网站（Tripadvisor. com）上收集的数据研究被操控的在线评论对企业可见性的影响，结果显示，即使数量非常有限的被操控的在线评论对企业可见性的影响也非常显著，在特定市场中，50 条被操控的评论就足以让攻击者在可见性方面超越任何竞争对手。赵等（Zhao et al.，2013）考虑了两种在线零售平台，一种是只有真实评论的在线零售平台，另一种是有可能获得被操控评论的在线零售平台，研究发现，被操控的评论会增加消费者的不确定性，在存在被操控评论的在线零售平台上，正面评论和评论数量对消费者选择的正向影响会被减弱。李等（Lee et al.，2018）利用电影公映数据研究在线平台上的评论操控决策，研究发现在电影公映当天出现平均语义和正面评论比例骤减的情况，说明在电影公映前期存在着在线评论操控的情况。

当企业面临不同竞争状况时会采取不同的在线评论操控决策。梅兹林（Mayzlin，2006）认为即使在线评论操控的存在，在线评论仍具有信息性，而企业更愿意为劣质产品进行在线评论操控。德拉罗卡斯（Dellarocas，2006）指出如果在线评论观点真实性较高，企业不进行在线评论操控会使得所有企业乃至整个社会更有利，但企业往往会陷入被迫进行在线评论操控的行为当中，这是因为如果企业不进行在线评论操控，消费者对他们的感知就会有偏差。梅兹林等（Mayzlin et al.，2014）指出竞争会加剧在线评论操控的情况。卢卡和泽瓦斯（Luca & Zervas，2016）发现当一个饭店的声誉较低时，这个饭店更容易进行在线评论操控，特别是，当这个饭店的评论数量较少或近期刚收到过消费者的负面评论时；与其他类型的饭店相比，连锁的饭店进行在线评论操控的可能性更低；当饭店面临激烈的竞争时，饭店更容易向竞争对手给出负面评论。年等（Nian et al.，2017）研究了在竞争市场中两种定价模式下（零售定价模式和平台定价模式）在线评论操控的影响，结果显示，操控成本的增加会降低高质量生产商的操控水平，增加低质量生产商的操控水平。李等（Lee et al.，2018）的研究发现独立制作和低预算的电影比主流制片厂和高预算的电影的平均语义和正面评论比例在电影公映当天下降得更多，说明独立制作和低预算的电影在电影公映前期更倾向于在线评论操控。另外，研究还指出激烈的竞争会加剧在电影公映当天出现平均语义和正面评论比例骤减的情况，也就是说竞争会加剧在线评论操控现象。聂（Nie，2019）聚焦自我推销型在线评论操控和贬谪竞争对手型在线评论操控，研究爱彼迎（Airbnb）的存在对普通酒店在线评论操控决策的影响，结果显示，低端酒店不会增加在线评论操控，而在竞争激烈的情况下，高端酒店会减少贬谪竞争对手型在线评论操控，增加自我推销型在线评论操控。阿克斯等（Aköz et al.，2020）通过构建在线评论操控的信号干扰模型研究高质量企业与低质量企业的在线评论操控决策，结果显示，高质量企业和低质量企业都会进行在线评论操控，根据均衡价格的高低，其中一个企业或两个企业都能够从在线评论操控中获利；当高质量企业的在线评论操控努力高于低质量企业的操控努力时，消费者会因为在线评论操控提高了其对高质量企业产品的需求而获利。蒲等（Pu et al.，2022）聚焦商家通过操控在线评论等方式进行产品质量虚假展示，通过构建博弈模型研究基于平台的代理定价模式下卖家的产品质量虚假展示决策，结果显示，平台可以通过增加产品质量虚假展示的成本或实施更加宽松的退货处理政策降低卖家的产品质量虚假展示的行为；虽然更严格的反产品质量虚假展示政策阻止了高质量卖家的产品质量虚假展示，但这种策略可能会无意识地鼓励低质量卖家更多地进行产品质量虚假展示；与增加产品质量虚假展示的成本相比，增加退货处理宽松性可以在更广泛的市场条件下阻止低质量卖家的产品质量虚假展示。

在国内，好评返现是最常见的在线评论操控方式，也是自我推销型在线评论操控的一种。目前，已有一部分学者对好评返现的在线评论操控的经济意义与影响进行了一定的研究。李婷婷和李艳军（2016）通过情景模拟实验研究好评返现和产品体验的交互作用对消费者评价行为的影响，结果显示：当好评返现的额度高时，对产品具有负面体验的消费者的评论评分改变大于对产品具有正面体验的消费者；而当好评返现的额度低时，对产品具有正面体验的消费者的评论评分改变大于对产品具有负面体验的消费者。曾慧等（2018）通过实验研究发现，当消费者对产品满意时，好评返现能够提高消费者的好评意愿和产品总体的评论得分，当消费者对产品不满意时，好评返现会降低消费者的好评意愿和产品总体的评论得分；当评论成本较低时，好评返现对消费者的好评意愿和产品总体的评论得分的影响更大。徐兵和张阳（2020）通过构建考虑消费者差评偏好的两阶段博弈模型研究商家好评返现的决策，结果显示，好评返现在一定程度上扭曲了在线评论的真实性，降低了消费者对在线评论系统的信任度；当产品质量中等时，商家采用好评返现策略有利可图，商家的利润随着产品质量的增加呈现先增后减的趋势，好评返现策略提高了商家在第二阶段的产品价格。魏瑾瑞和王金伟（2022）通过网络购物平台的数据研究好评返现对商家声誉的作用机制，结果显示，商家是否参与好评返现取决于商家是否需要提升信誉评分或对冲负面评论；好评返现并不是正向影响商家声誉累积的，对于初始信誉较高的商家，好评返现的影响并不显著，对于初始信誉较低的商家，好评返现对商家存在着显著影响。陈等（Chen et al.，2022）也研究了卖家的好评返现决策，结果显示，存在着三种均衡：没有好评返现、有机评论的均衡，低额度好评返现、增加真实评论的均衡，高额度好评返现、部分虚假评论的均衡。该研究发现卖家的最优价格和好评返现决策主要取决于评论发布成本和道德成本，当评论发布成本低但道德成本高时，卖家采纳没有好评返现的策略；当评论发表成本高或评论发表成本中等但道德成本高时，卖家采纳低额度好评返现策略；当评论发布成本不是很高但道德成本很低时，卖家采纳高额度好评返现策略。研究还发现，对于卖家来说，采纳好评返现策略并不一定是有利可图的，即使卖家采纳了好评返现的策略，消费者发布的评论不一定是虚假评论。

2.4.3　在线评论操控识别算法

从平台管理者的角度出发，在线评论操控的存在不仅降低了消费者对在线评论机制的信任度（徐兵和张阳，2020），而且也影响了消费者对平台的信任度及平台上各商家的竞争环境，对电子市场平台的有序发展不利。因此，一些平台和学者开始尝试设计算法来识别被操控的在线评论。美国评论网站（Yelp.com 等）和电子市场平台（亚马逊等）开始采纳一些在线评论过滤系统，通过一些预先设定的规则来屏蔽一些可能被操控的在线评论。例如，美国评论网站（Yelp.com）会屏蔽来自同一台电脑的评论、来自企业所有者的朋友所写的评论、来自新用户的评论等（Nie，2019）。

在线评论操控识别算法主要有四类：第一类算法是根据评论内容的相似

度，即识别非评论或复制评论。楼等（Lau et al.，2011）认为非评论存在一些语言特征线索，这些语言特征线索可以用来识别非评论，例如，句法特征（即名词、动词、代词等的比例）、词汇特征（即情感取向、词汇多样性、词汇有效性等）和风格特征（即大写字母、重复和被动语态频率等）。第二类算法是文本分析的方法来识别被操控的在线评论（Ott et al.，2011；Jindal & Liu，2008；Hu et al.，2009），这类算法认为真实的评论比被操控的评论描述得更加具体，通常利用语言特征来识别被操控的在线评论，例如，每句话的平均字数、段落数、拼写错误率等。但是这些算法往往准确率较低，因为评论操控者往往是模仿真实的在线评论。第三类算法是根据评论者的行为来识别被操控的在线评论。张等（Zhang et al.，2016）提出非语言性特征（即描述评论者发布评论和社交行为）对识别被操控的在线评论非常有用，有用性投票和评论突发性是识别被操控的在线评论最有用的非语言特征。科尼什（Kornish，2009）也提出了一个类似的算法，将在线评论语义和在线评论有用性的相关系数作为在线评论是否被操控的一个指标，但是即使高相关性也存在着其他解释，如确认偏差等。慕克吉等（Mukherjee et al.，2013）利用美国评论网站（Yelp. com）的评论数据发现了一个很有用的评论者行为特征，被操控的在线评论很少会在评论中写"tips"，因为"tips"一般都是从个人经验中总结提炼出来的，所以评论中"tips"的数量是很好预测被操控的在线评论的变量。第四类算法是利用评论的网络特征来识别被操控的在线评论，仅仅依靠行为特征和文本特征来识别在线评论操控是不够的，因此，如果在评论内容、评论者行为和产品特征之间存在着某种模式或关系，对识别在线评论操控很有帮助。薛等（Xue et al.，2015）认为如果消费者更加信任来自与他们有联系的人的评论，那么虚假评论撰写者也会积极参与社交活动，以提高虚假评论的影响力。王等（Wang et al.，2011）指出在线评论可靠性、评论者可靠性和商家的信誉，代表着产品的总体质量，是相互联系的，可以对其进行整体分析。

2.5　研究现状述评

本章从在线评论特征、在线评论对产品销量的影响、在线评论对企业决策的影响及在线评论操控及其影响等四个方面对在线评论相关研究进行了详细的综述，根据本书的研究内容做如下三方面的述评：

第一，关于在线评论对企业免费版提供策略影响的研究仍存在缺口。一方面，在线评论为消费者提供了除产品描述和广告等信息以外的产品信息，帮助消费者更加了解产品；另一方面，消费者通过试用免费版也可以了解更多的产品信息，包括产品体验、产品性能等，更好地帮助消费者做出购买决策。因此，在线评论存在的情况下企业是否会改变免费版提供策略是一个有趣的研究问题。虽然目前有两篇实证研究将免费版与在线评论结合起来进行研究（Liu et al.，2014；Chen et al.，2017），但刘等（Liu et al.，2014）发现在线评论与免费版存在着替代效应，而陈等（Chen et al.，2017）却发现在线评论和免费版存在着互补效应，研究结论存在着不一致性。因此，本书的第 3 章通过构建博弈模型，从理论上探究在线评论对企业的免费版提供决策的影响，并给出了实证研究中出现矛盾结论的可能原因。

第二，关于在线评论对企业信息性广告策略影响的研究仍存在缺口。信息性广告是通过广告告知消费者这个产品的存在，也就是提升消费者对产品的知晓率，而在线评论是在消费者知晓该产品存在的情况下提升消费者对产品的了解程度。有人认为，在线评论帮助消费者更好地评估产品质量，企业可能因为在线评论使得两产品的质量差异变大而降低信息性广告强度，因为企业可以从已知该产品的消费者中获取更大的利润；也有人认为，由于在线评论使得消费者更好地评估产品质量，增加信息性广告强度可以从未知该产品的消费者中获取更大的利润。因此，本书的第 4 章通过构建博弈模型，探究在线评论的存在对企业信息性广告策略的影响。

第三，尽管文献中已有较多的研究探索企业的在线评论操控决策（Mayzlin et al.，2014；Luca & Zervas，2016；Nie，2019），很多都是通过实证研究进行分析的；而建模研究中，未考虑操控在线评论对操控企业的负面效应，如德拉罗卡斯（Dellarocas，2006）认为即使消费者清楚在线评论操控的存在，消费者将同样对待被操控的在线评论和未被操控的在线评论，即通过贝叶斯学习更新自己对产品质量的评估；年等（Nian et al.，2017）仅考虑操控在线评论对企业的正面效应，即被操控的在线评论提升了消费者对该产品的感知质量。因此，本书的第 5 章给出了在线评论操控的建模框架，不仅考虑了操控在线评论对企业的正面效应（即被操控的在线评论提升了消费者对该产品的感知质量），也考虑了操控在线评论对操控企业的负面效应（即降低了在线评论的可靠性），并通过构建不对称企业竞争下的博弈模型研究企业在线评论操控决策。

第 3 章
基于在线评论的企业免费版决策分析[①]

3.1 引　　言

数字产品企业往往会提供有限功能的免费版作为促销策略。例如，移动应用开发者（LateNiteSoft）同时提供售价为 2.99 美元的付费版移动应用（Camera +）和一个免费版移动应用（Camera + Lite），但是免费版中没有一些高级的功能，如高级编辑包等；谷歌网盘提供云储存服务，15GB 的储存容量供消费者免费使用，但超出部分是需要收费的。大量的文献已经对这种促销策略进行了研究，并识别了企业可以从该策略中受益的两种机制：一种是免费版可以产生正向网络效应提升付费版的销量（Haruvy & Prasad，2001；Cheng & Tang，2010；Cheng & Liu，2012；Cheng et al.，2015）；另一种是免费版也为消费者提供一次没有成本的了解产品的机会，这也可能导致消费者最终购买付费版（Niculescu & Wu，2014；Dey et al.，2013；Jiang & Sarkar，2010）。

---

① 本章主要内容已发表，参见：Cao H H, Jiang J H, Geng X J. How Online Reviews Interact with A Firm's Free Version Strategy [J]. Information & Management，2022，59（6），https：//doi. org/10. 1016/ j. im. 2022. 103662。

一些实证研究表明企业免费版策略的有效性受到产品在线评论的影响，在线评论在促进付费版销量上有可能补充或替代企业免费版策略的作用。刘等（Liu et al., 2014）研究发现在线评论和企业免费版策略存在替代关系。这是因为，当免费版存在的情况下，消费者可以在购买前测试移动应用的功能和性能，使得在线评论在消费者购物决策中的作用减少。但陈等（Chen et al., 2017）却得出了相反的结论，认为在线评论和企业免费版策略是互补关系。这是因为，使用免费版的消费者越多，对该产品的评论就越多，从而导致付费版的销量就越高。鉴于实证研究得出的矛盾结论，本章内容旨在分析在线评论与企业免费版策略的交互作用，具体研究以下问题：第一，在线评论不存在的情况下，何时企业应该提供免费版？在线评论存在的情况下，何时企业应该提供免费版？第二，在线评论的存在如何影响企业的免费版策略？第三，如果无论在线评论是否存在，提供免费版都是企业的最优策略，那么在线评论是加强还是减弱了免费版的经济价值？或在线评论和企业免费版策略是互补关系还是替代关系？

3.2　免费版的作用

根据免费版已有的相关研究，可以将免费版的作用分为五类：零价格效应（zero price effect）、需求削减效应（cannibalization effect）、网络效应（network effect）、口碑效应（word-of-mouth effect）、示范效应（demonstration effect）。下面我们对免费版的五种作用进行详细综述，但在本章中，我们主要应用到了免费版的需求削减效应和网络效应。

3.2.1　零价格效应

在传统经济学理论中，其他条件不变的情况下，产品价格越低需求越大，但是当产品的价格为零，传统的经济学理论就不适用了。沙佩尔等（Shampanier et al.，2007）认为当产品价格不为零时，消费者做决策时考虑的是成本－收益差，当产品价格降低到零时，消费者对产品的感知价值增加更多，也就是说消费者对免费产品会产生过度反应。帕尔梅拉和斯里瓦斯塔瓦（Palmeira & Srivastava，2013）则在研究促销中比较折扣与免费两种营销手段时，发现当产品的价格为零时，消费者不会受产品价值影响，而受产品原先价格的影响，因此，采用提供免费产品进行促销对原先产品价值的贬值更少。

3.2.2　需求削减效应

免费版的需求削减效应是指免费版的提供在一定程度上减少了消费者对付费版的需求（Bawa & Shoemaker，2004），这是提供免费版存在的最大问题。巴瓦和舒梅克（Bawa & Shoemaker，2004）通过建模及实验研究发现，免费版的需求削减效应显著存在。由于免费版的需求削减效应的存在，企业可能降低付费版的价格来减少免费版的需求削减效应，从而降低了企业的利润（Haruvy & Prasad，1998）。但是由于免费版还存在网络效应、口碑效应、示范效应等作用，提供免费版对企业的利润是否减少还要视情况而定（Bawa & Shoemaker，2004）。为避免需求削减效应过强，免费版的质量必须足够低，同时付费版的价格不能太高（Haruvy & Prasad，2001）。

3.2.3　网络效应

网络效应是指产品使用者数量越大，后续使用者对该产品的感知价值越高（Pang & Etzion，2012；Oestreicher-Singer et al.，2013）。一般认为提供免费版可以增加用户基数，从而进一步发挥网络效应的作用。提供免费版，一方面，存在着需求削减效应，从而使得付费版的需求有所降低（Bawa & Shoe-maker，2004）；另一方面，考虑网络效应的情况下，免费版使得该产品总体的用户基数增大，导致消费者对该产品付费版的感知价值提高，从而有可能增加付费版的消费者数量（Haruvy & Prasad，1998）。因此，企业能否从提供免费版中获利，取决于免费版的网络效应和需求削减效应的权衡。哈鲁维和普拉萨德（Haruvy & Prasad，1998）在考虑网络效应随着免费版与付费版差异程度增加而减少的情况下，给出了提供免费版为最优决策的条件及最优免费版产品设计。程和唐（Cheng & Tang，2010）则考虑软件使用成本的情况下，将有限功能的免费版形式作为研究对象，结果发现当网络效应强的时候，软件商提供免费版的最优利润更大，同时也给出了最优免费版的产品设计。程和刘（Cheng & Liu，2012）在考虑消费者的感知不确定情况下，将有限时间的免费版作为研究对象，给出了最优试用时间。程等（Cheng et al.，2015）研究仅提供有限功能免费版、仅提供有限时间免费版和既提供有限功能免费版又提供有限时间免费版三种免费版提供策略哪种更优，结果显示与网络效应强度有关，既提供有限功能免费版又提供有限时间免费版的策略比仅提供有限功能免费版和仅提供有限时间免费版的策略弱占优。哈鲁维和普拉萨德（Haruvy & Prasad，2001）通过演化博弈论的方法研究了免费版最优质量和付费版最优价格，结果显示免费版最优质量应该刚好使其优于外部选择，而付费版最优价格应该为考虑网络效应后使得付费版优于免费版的最高价格。

3.2.4　口碑效应

免费版的口碑效应是指免费版的采纳加速了付费版软件的采纳速度。姜和萨卡尔（Jiang & Sarkar，2010）发现即使免费版的其他效应（如网络效应、示范效应等）不存在，企业也可以通过在前期提供市场播种形式的有限时间的免费版获得更多的利润，因为前期免费版的采纳用户通过口头（如传播软件的可获得性及质量信息）或非口头（如展示使用软件过程、同伴压力及社会影响等）的口碑效应加速了产品扩散的速度。巴瓦和舒梅克（Bawa & Shoemaker，2004）研究免费样品对品牌销量的影响，通过经济建模及实验研究，结果显示消费者对使用免费样本的品牌进行重复购买的时间远早于不使用免费样本的品牌，免费样本加速了产品的采纳，增加了产品的销量。姜

（Jiang，2010）研究了仅考虑口碑效应情况下连续版本中最优免费版提供策略，结果显示提供免费版能够增加企业所有版本的总利润，低感知价值消费者的存在显著地增加了企业的总利润。尼库雷斯库和吴（Niculescu & Wu，2014）则在考虑口碑效应的情况下比较了市场播种形式的有限时间的免费版、有限功能的免费版和不提供免费版的情况，结果发现在口碑效应信号中等的情况下，当消费者显著地低估该软件产品的价值且免费版与付费版的差异程度较高时市场播种形式的有限时间的免费版形式是企业的最优选择，当消费者对该软件产品的先验感知价值较高且免费版与付费版的差异程度较低时有限功能的免费版形式或不提供免费版是企业的最优选择。

3.2.5　示范效应

免费版的示范效应是指通过试用免费版，消费者对付费版的质量及其他属性有一定的了解。与零价格效应、需求削减效应、网络效应及口碑效应不同，前面四个效应体现的是产品的外部特征，而示范效应体现的是消费者对产品内部特征的学习和了解（Faugere & Tayi，2007），消费者缺乏对产品内部特征的了解很可能放弃购买该产品（Bawa & Shoemaker，2004）。拉默斯（Lammers，1991）通过归因理论、自我感知理论及操作性条件理论解释了免费版的示范效应对产品销量的正向影响。戈林（Goering，1985）指出通过产品试用的学习对消费者期望和需求存在很大的影响，特别是当其他信息源的信息不存在，或者信息获得成本相对于产品价格较高，或者其他信息存在矛盾或不可信时。尼库雷斯库和吴（Niculescu & Wu，2014）则指出免费版对消费者存在示范效应，消费者通过对免费版的使用经验更新自己对付费版产品的感知价值。惠等（Hui et al.，2008）指出通过有限功能的免费版的使用可降低对软件产品的不确定性。

王和张（Wang & Zhang，2009）却认为当市场不是很乐观且免费版的搜索成本不是很低而促销成本又很高时，垄断企业可以从第三方提供的免费版获利。卡卡米什利和达尔吉奇（Cakanyildirim & Dalgic，2002）比较了有限时间的免费版和有限功能的免费版的示范效应的效果，认为只要适当的选取参数（如有限功能免费版的功能数量、有限时间免费版的时间期限等），有限时间的免费版和有限功能的免费版的示范效果是相当的。戴伊等（Dey et al., 2013）通过对有限时间免费版的学习函数的研究，结果显示如果消费者的学习率是显著的，有限时间的免费版是企业的最优选择，在其他情况下有限时间的免费版都不是最优的。

3.3 垄 断 企 业

在本节中，我们考虑垄断企业的情形，因为垄断企业的设定可以让我们专注于在线评论与企业免费版策略的交互作用，而不受竞争效应的影响。在第3.4节"模型拓展"中，我们将垄断企业情形下的模型拓展到竞争企业的情形中去，并证明从垄断企业情形下得出的结论在竞争企业情形下也适用。

3.3.1 模型假设

3.3.1.1 企业

考虑一个垄断企业，销售一产品质量为 q_H，价格为 P。如果该垄断企业选择提供免费版产品，免费版的质量为 γq_H，其中 $\gamma \in (0, 1)$ 是企业和消费者都知道的公共信息（Haruvy & Prasad, 2001）。我们引入这个变量是因为企业是愿意在产品描述中去展示免费版和付费版功能差异来区分免费版和付费版。例如，移动应用（Camera +）在产品描述页列举了免费版和付费版的功能，其中付费版比免费版多了5个高级功能：手动拍摄包、高级编辑包、好莱坞过滤包、质量包和模拟过滤包。另外，假设免费版和付费版的边际生产成本和将付费版转化成免费版的转化成本忽略不计（Cheng & Tang, 2010）。

3.3.1.2 消费者

与康纳（Conner，1995）、程和唐（Cheng & Tang，2010）中的模型设定一致，假设市场中消费者总数为 K，消费者对产品的偏好为 θ，消费者对产品偏好为正（即 $\theta \geqslant 0$）的消费者数量为 N，也就是说该产品有 N 个潜在消费者。令 $K = aN(a > 1)$，因此，$K - N = N(a - 1)$ 为在任何价格下对该产品都不感兴趣的消费者数量，即使该产品的质量很好。值得注意的是，如果消费者采纳该产品带来的收益低于需要付出的成本，则消费者对该产品的偏好 θ 为负。不失一般性，将 K 标准化为 1，同时为简便起见，令 $c = 1 - 1/a$。此时，所有消费者的偏好（即 θ）在 $[-c, 1-c]$ 上均匀分布，其中 c 为对该产品偏好为负的消费者数量。因此，消费者使用该产品的净效用等于消费者对产品的偏好乘以产品的质量减去产品的价格。

3.3.1.3 网络效应

消费者对产品的偏好受网络效应的影响（Cheng & Liu，2012）。在网络效应的影响下，给定使用产品的消费者总数 Q 和网络效应强度 β（$0 < \beta < 1$），每个消费者对产品的偏好提高 βQ（Cheng & Tang，2010）。值得注意的是，这里的使用产品的消费者总数量包括免费版的消费者（企业提供免费版时）和付费版的消费者（Cheng et al.，2015）。因此，考虑到网络效应的影响，所有消费者的偏好（即 θ）调整为在 $[\beta Q - c, 1 + \beta Q - c]$ 上均匀分布。

3.3.1.4 在线评论

当消费者在进行网络购物时，即使当消费者完全清楚产品的质量，消费者也可能不确定自己对产品的偏好（即偏好不确定性）（Hong & Pavlou，2014；Kardes et al.，2008）。偏好不确定来自产品的体验属性及消费者对产品的熟悉度（Czajkowski et al.，2014）。但是，消费者可以通过购买经验、产品描述、推荐系统和在线评论等来学习并调整自己的产品偏好（Inderst & Peitz，2012）。

参考夸克（Kwark et al.，2014）的方法，在线评论不存在的情况下，消费者观察到感知偏好的信号 S_0，这个信号与消费者自己的感知产品偏好 θ 一致的概率为 α_0（$0 < \alpha_0 < 1$），不一致的概率为 $1 - \alpha_0$。因此，该信号 S_0 服从分布 $\Pr(s_0 = x \mid \theta = x) = \alpha_0$ 和 $\Pr(s_0 \neq x \mid \theta = x) = 1 - \alpha_0$，其中 $x \in (\beta Q - c, 1 + \beta Q - c)$。换而言之，$\alpha_0$ 表示在线评论不存在的情况下其他信息源的信息性。根据贝叶斯更新，消费者的期望偏好为 $E(\theta \mid s_0 = x) = \left[\alpha_0 x + (1 - \alpha_0)\left(\frac{1}{2} + \beta Q - c\right)\right]$。由于不同的消费者观察到不同的产品偏好的信号 S_0。假设信号 S_0 服从 $[\beta Q - c, 1 + \beta Q - c]$ 上的均匀分布。因此，在线评论不存在的情况下，所有消费者的期望偏好（即 θ）为在 $\left[\beta Q - c + \frac{1 - \alpha_0}{2}, \beta Q - c + \frac{1 + \alpha_0}{2}\right]$ 上均匀分布。

在产品描述和其他信息源以外，在线评论为消费者提供了产品的额外信息（Kwark et al.，2014）。由于在线评论提供了额外的产品信息，消费者通过在线评论更加了解自己对产品的偏好。因此，在线评论存在的情况下，消费者观察到了一个新的感知偏好的信号 S。然而，由于在线评论提供了额外的产品信息，新信号比在线评论不存在的情况下的信号信息性更强。具体来说，这个信号与消费者自己的感知产品偏好 θ 一致的概率为 α（$0 < \alpha < 1$），不一致的概率为 $1 - \alpha$，其中 $\alpha > \alpha_0$。与在线评论不存在的情况类似，我们可以推断出，在线评论存在的情况下，所有消费者的期望偏好（即 θ）为在 $\left[\beta Q - c + \frac{1 - \alpha}{2}, \beta Q - c + \frac{1 + \alpha}{2}\right]$ 上均匀分布。值得注意的是，在线评论存在的情况下消费者观察到的信号可能与在线评论不存在的情况下的信号相同，但是在线评论存在的情况下消费者观察到的信号比在线评论不存在的情况下的信号更精确。

3.3.1.5 博弈时序

本模型的博弈时序如下：在第一阶段，垄断企业观察到在线评论是否存在；在第二阶段，垄断企业选择是否提供免费版；在第三阶段，垄断企业决定产品价格或付费版的价格（企业提供免费版时）；在第四阶段，消费者只能从以下三个选项中做出选择：离开市场、试用免费版（企业提供免费版时）和购买产品。我们考虑的是基于理性期望均衡的一阶段博弈模型，消费者不能在免费版和付费版之间进行转换，也不能进行重复购买。值得注意的是，本章会出现大量的符号、参数值和参数范围定义，为了不影响内容展示，本章将符号、参数值和参数范围的定义放在第 3.6 节"附录"中。

3.3.2 均衡分析

考虑四种情形：NN 情形、NR 情形、FN 情形和 FR 情形。NN 情形指的是在线评论不存在的情况下企业不提供免费版；NR 情形指的是在线评论存在的情况下企业不提供免费版；FN 情形指的是在线评论不存在的情况下企业提供免费版；FR 情形指的是在线评论存在的情况下企业提供免费版。下面进行这四种情形下的均衡分析。

3.3.2.1 NN 情形

在 NN 情形下，垄断企业以价格 P 销售质量为 q_H 的产品。令 θ_H 为从购买该产品中获得期望效用为零的边际消费者偏好，如公式（3-1）所示：

$$\theta_H q_H - P = 0 \tag{3-1}$$

对产品的期望偏好高于边际消费者的消费者会产生正的期望效用，会购买该产品。由于所有消费者的期望偏好在 $\left[\beta Q - c + \dfrac{1-\alpha_0}{2},\ \beta Q - c + \dfrac{1+\alpha_0}{2}\right]$ 上均匀分布，因此，区间 $\left[\theta_H,\ \beta Q - c + \dfrac{1+\alpha_0}{2}\right]$ 对应于产品的购买者，如图 3-1 所示。产品的需求如公式（3-2）所示：

$$D_{NN} = \begin{cases} \dfrac{1}{\alpha_0}\left(\beta Q - c + \dfrac{1+\alpha_0}{2} - \theta_H\right), & \text{当 } \theta_H > \beta Q - c + \dfrac{1-\alpha_0}{2} \\ 1, & \text{其他} \end{cases} \tag{3-2}$$

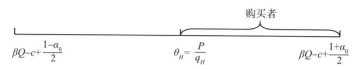

图 3 - 1   NN 情形下的需求

根据理性期望均衡，令 $D_{NN} = Q$。将公式（3 - 1）代入公式（3 - 2），同时结合理性期望均衡，我们可以得到公式（3 - 3）：

$$D_{NN} = \begin{cases} \dfrac{(1 - 2c + \alpha_0)q_H - 2P}{2(\alpha_0 - \beta)q_H}, & \text{当 } P > \left(\beta - c + \dfrac{1 - \alpha_0}{2}\right)q_H \text{ 和 } \beta < \alpha_0 \\ 1, & \text{其他} \end{cases}$$

$$(3 - 3)$$

垄断企业通过选取合适的价格使得企业利润最大化，如公式（3 - 4）所示：

$$\max_{P} \pi_{NN} = P \times D_{NN}$$

$$\text{s. t. } \begin{cases} D_{NN} > 0 \\ P > 0 \end{cases}$$

$$(3 - 4)$$

根据一阶条件可以求得上述最优化问题，根据最优化结果，我们得出以下均衡结果：

引理 3 - 1：NN 情形下的最优需求（D_{NN}^*），最优价格（P_{NN}^*）和最优利润（π_{NN}^*）如表 3 - 1 所示。

表 3 - 1   **NN 情形下的最优需求、最优价格和最优利润**

区域	D_{NN}^*	P_{NN}^*	π_{NN}^*
IS_{NN}	$\dfrac{1 - 2c + \alpha_0}{4(\alpha_0 - \beta)}$	$\dfrac{(1 - 2c + \alpha_0)q_H}{4}$	$\dfrac{(1 - 2c + \alpha_0)^2 q_H}{16(\alpha_0 - \beta)}$
CS_{NN}	1	$\dfrac{(1 - 2c - \alpha_0 + 2\beta)q_H}{2}$	$\dfrac{(1 - 2c - \alpha_0 + 2\beta)q_H}{2}$
ZD_{NN}	0	0	0

证明：首先，我们考虑当 $P > \left(\beta - c + \dfrac{1 - \alpha_0}{2}\right)q_H$ 和 $\beta < \alpha_0$ 的情况，我们将利润最优化问题转化为如下公式所示：

$$\max_{P} \pi_{NN} = P \times \frac{(1 - 2c + \alpha_0)q_H - 2P}{2(\alpha_0 - \beta)q_H}$$

$$\text{s. t.} \begin{cases} \left(\beta - c + \dfrac{1 - \alpha_0}{2}\right)q_H < P < \dfrac{(1 - 2c + \alpha_0)q_H}{2} \\ P > 0 \end{cases}$$

因此，最优价格由一阶条件所决定，如下面的公式所示：

$$\frac{\mathrm{d}\pi_{NN}}{\mathrm{d}P} = \frac{(1 - 2c + \alpha_0)q_H - 2P}{2(\alpha_0 - \beta)q_H} - \frac{2P}{2(\alpha_0 - \beta)q_H} = 0$$

因此，我们可以得到 $P_{NN}^* = \dfrac{(1 - 2c + \alpha_0)q_H}{4}$。下面，我们需要检验 P_{NN}^* 的值是否满足我们的条件 $P > 0$ 和 $\left(\beta - c + \dfrac{1 - \alpha_0}{2}\right)q_H < P < \dfrac{(1 - 2c + \alpha_0)q_H}{2}$。首先，令 $P_{NN}^* > 0$，我们可以得到 c 必须小于 $\dfrac{(1 + \alpha_0)}{2} = c_1$。然后，我们可以确定 $P_{NN}^* < \dfrac{(1 - 2c + \alpha_0)q_H}{2}$ 恒成立，因此，下面我们只需满足 $\left(\beta - c + \dfrac{1 - \alpha_0}{2}\right)q_H < P$ 这一条件。求解 $P_{NN}^* > \left(\beta - c + \dfrac{1 - \alpha_0}{2}\right)q_H$，我们得到只有当 $\beta < \dfrac{3\alpha_0 + 2c - 1}{4}$ 时 $P_{NN}^* > \left(\beta - c + \dfrac{1 - \alpha_0}{2}\right)q_H$ 成立，令 $\beta_1 = \dfrac{3\alpha_0 + 2c - 1}{4}$。值得注意的是，当 $c < c_1$ 时，$\beta_1 < \alpha_0$ 恒成立。因此，当 $c < c_1$ 和 $\beta < \beta_1$（即区域 IS_{NN}）时，最优价格为 $P_{NN}^* = \dfrac{(1 - 2c + \alpha_0)q_H}{4}$。

其次，我们考虑当 $P \leqslant \left(\beta - c + \dfrac{1 - \alpha_0}{2}\right)q_H$ 或 $\beta \geqslant \alpha_0$ 的情况，企业覆盖整个市场。因此，企业会制定它可以制定的最高价格，并保持市场的全覆盖。企业能够制定的最高价格也就是市场上消费者对该产品的最低评估值，因此，最优

价格为 $P_{NN}^* = \frac{(1-2c-\alpha_0+2\beta)q_H}{2}$。下面，我们需要检验 P_{NN}^* 是否满足我们的条件 $P > 0$ 和 $\left(\beta - c + \frac{1-\alpha_0}{2}\right)q_H < P < \frac{(1-2c+\alpha_0)q_H}{2}$。首先，我们可以知道这个 P_{NN}^* 肯定满足条件 $\left(\beta - c + \frac{1-\alpha_0}{2}\right)q_H < P < \frac{(1-2c+\alpha_0)q_H}{2}$，所以我们只需要检验 P_{NN}^* 大于零的条件。当 $c < c_1$ 和 $\beta \geq \beta_1$，$P_{NN}^* = \frac{(1-2c-\alpha_0+2\beta)q_H}{2} > 0$ 恒成立，当 $c \geq c_1$ 时，β 需要大于 $\frac{\alpha_0+2c-1}{2}$，$P_{NN}^* = \frac{(1-2c-\alpha_0+2\beta)q_H}{2}$ 才会大于零，令 $\beta_2 = \frac{\alpha_0+2c-1}{2}$。因此，当 $c < c_1$ 和 $\beta \geq \beta_1$ 时或当 $c \geq c_1$ 和 $\beta \geq \beta_2$ 时（即区域 CS_{NN}），最优价格为 $P_{NN}^* = \frac{(1-2c-\alpha_0+2\beta)q_H}{2}$；当 $c \geq c_1$ 和 $\beta < \beta_2$ 时（即区域 ZD_{NN}），$P_{NN}^* = 0$。**证毕。**

图 3-2 展示了在 NN 情形下企业最优定价策略的情况。在区域 CS_{NN}，网络效应强度很高，企业可以设置一个相对低的价格来获取所有消费者。在区域 IS_{NN}，网络效应强度还未达到可以使得所有消费者都购买产品，因此企业会设置一个较高的价格来获取感知偏好较高的消费者。在区域 ZD_{NN}，网络效应强度不够高，并且负面偏好的消费者数量很大，因此，企业将无法获得正的利润。

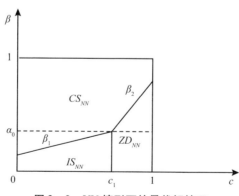

图 3-2　NN 情形下的最优解情况

3.3.2.2　NR 情形

在 NR 情形下，企业的定价策略与在 NN 情形下类似，只需要将 α_0 替换成 α 即可。NR 情形下的最优需求（D_{NR}^*），最优价格（P_{NR}^*），和最优利润（π_{NR}^*）如表 3 - 2 所示。

表 3 - 2　　　　　　NR 情形下的最优需求、最优价格和最优利润

区域	D_{NR}^*	P_{NR}^*	π_{NR}^*
IS_{NR}	$\dfrac{1-2c+\alpha}{4(\alpha-\beta)}$	$\dfrac{(1-2c+\alpha)q_H}{4}$	$\dfrac{(1-2c+\alpha)^2 q_H}{16(\alpha-\beta)}$
CS_{NR}	1	$\dfrac{(1-2c-\alpha+2\beta)q_H}{2}$	$\dfrac{(1-2c-\alpha+2\beta)q_H}{2}$
ZD_{NR}	0	0	0

3.3.2.3　FN 情形

在 FN 情形下，企业同时提供质量为 γq_H 的免费版和质量为 q_H 价格为 P 的付费版。因此，试用免费版的消费者的期望效用为 $E(U_{FNF})=\theta\gamma q_H$，购买付费版的消费者的期望效用为 $E(U_{FNC})=\theta q_H - P$。由于试用免费版的消费者的期望效用总是大于零（即 $E(U_{FNF})=\theta\gamma q_H > 0$），因此，只要消费者的期望偏好大于零的消费者总是会试用免费版。然而，存在着试用免费版和购买付费版无差异的边际消费者，用 $\theta_H' = \dfrac{P}{(1-\gamma)q_H}$ 表示。因此，区间 $[0, \theta_H']$ 的消费者为免费版的消费者，区间 $\left[\theta_H', \beta Q - c + \dfrac{1+\alpha_0}{2}\right]$ 为付费版的消费者，如图 3 - 3 所示。

因此，我们总结 FN 情形下的免费版需求（D_{FNF}），付费版需求（D_{FNC}），和总需求（D_{FN}），如表 3 - 3 所示。

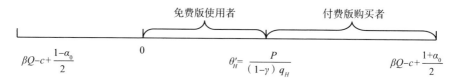

$$\beta Q - c + \frac{1-\alpha_0}{2} \qquad 0 \qquad \theta_H' = \frac{P}{(1-\gamma)\, q_H} \qquad \beta Q - c + \frac{1+\alpha_0}{2}$$

免费版使用者　　　　　付费版购买者

图 3 - 3　FN 情形下的需求

表 3 - 3 　　　　　　　　　　　FN 情形下的需求

条件	D_{FNF}	D_{FNC}	D_{FN}
当 $\beta Q - c + \dfrac{1-\alpha_0}{2} < 0$	$\dfrac{\theta_H'}{\alpha_0}$	$\dfrac{\beta Q - c + \dfrac{1+\alpha_0}{2} - \theta_H'}{\alpha_0}$	$\dfrac{1}{\alpha_0}\left(\beta Q - c + \dfrac{1+\alpha_0}{2}\right)$
当 $0 \leqslant \beta Q - c + \dfrac{1-\alpha_0}{2} < \theta_H'$	$\dfrac{\theta_H' - \left(\beta Q - c + \dfrac{1-\alpha_0}{2}\right)}{\alpha_0}$	$\dfrac{\left(\beta Q - c + \dfrac{1+\alpha_0}{2}\right) - \theta_H'}{\alpha_0}$	1
当 $\beta Q - c + \dfrac{1-\alpha_0}{2} \geqslant \theta_H'$	0	1	1

根据理性期望均衡，令 $D_{FN} = Q$。因此，我们可以得到理性期望均衡下，FN 情形的免费版需求（D_{FNF}），付费版需求（D_{FNC}），和总需求（D_{FN}），如表 3 - 4 所示。

表 3 - 4 　　　　　　　　　理性期望均衡下 FN 情形的需求

条件	D_{FNF}	D_{FNC}	D_{FN}
当 $\beta < \beta_2$	$\dfrac{P}{\alpha_0 (1-\gamma) q_H}$	$\dfrac{1+\alpha_0 - 2c}{2(\alpha_0 - \beta)} - \dfrac{P}{\alpha_0 (1-\gamma) q_H}$	$\dfrac{1+\alpha_0 - 2c}{2(\alpha_0 - \beta)}$
当 $\beta_2 \leqslant \beta < \alpha_0$ 和 $P > \dfrac{(1-2c - \alpha_0 + 2\beta)(1-\gamma) q_H}{2}$	$\dfrac{1}{\alpha_0}\left[\dfrac{P}{(1-\gamma) q_H} - \left(\beta - c + \dfrac{1-\alpha_0}{2}\right)\right]$	$\dfrac{1}{\alpha_0}\left[\beta - c + \dfrac{1+\alpha_0}{2} - \dfrac{P}{(1-\gamma) q_H}\right]$	1
当 $P \leqslant \dfrac{(1-2c - \alpha_0 + 2\beta)(1-\gamma) q_H}{2}$ 或 $\beta \geqslant \alpha_0$	0	1	1

垄断企业通过选取合适的价格使得企业利润最大化，如公式（3-5）所示：

$$\max_{P}\pi_{FN} = P \times D_{FNC}$$

$$\text{s. t.} \begin{cases} D_{FNC} > 0 \\ P > 0 \end{cases} \tag{3-5}$$

根据一阶条件可以求得上述最优化问题，根据最优化结果，我们得出以下均衡结果：

引理 3-2：FN 情形下的最优免费版需求（D_{FNF}^{*}），最优付费版需求（D_{FNC}^{*}），最优总需求（D_{FN}^{*}），最优价格（P_{FN}^{*}）和最优利润（π_{FN}^{*}）如表 3-5 所示。

表 3-5   FN 情形下的最优需求、最优价格和最优利润

区域	D_{FNF}^{*}	D_{FNC}^{*}	D_{FN}^{*}	P_{FN}^{*}	π_{FN}^{*}
IS_{FN}	$\dfrac{1-2c+\alpha_0}{4(\alpha_0-\beta)}$	$\dfrac{1-2c+\alpha_0}{4(\alpha_0-\beta)}$	$\dfrac{1-2c+\alpha_0}{2(\alpha_0-\beta)}$	$\dfrac{(1-2c+\alpha_0)\alpha_0(1-\gamma)q_H}{4(\alpha_0-\beta)}$	$\dfrac{\alpha_0(1-2c+\alpha_0)^2(1-\gamma)q_H}{16(\alpha_0-\beta)^2}$
$CS-F_{FN}$	$\dfrac{-1+2c+3\alpha_0-2\beta}{4\alpha_0}$	$\dfrac{1-2c+\alpha_0+2\beta}{4\alpha_0}$	1	$\dfrac{(1-2c+\alpha_0+2\beta)(1-\gamma)q_H}{4}$	$\dfrac{(1-2c+\alpha_0+2\beta)^2(1-\gamma)q_H}{16\alpha_0}$
$CS-N_{FN}$	0	1	1	$\dfrac{(1-2c-\alpha_0+2\beta)(1-\gamma)q_H}{2}$	$\dfrac{(1-2c-\alpha_0+2\beta)(1-\gamma)q_H}{2}$
ZD_{FN}	0	0	0	0	0

证明：首先，考虑当 $\beta < \beta_2$ 的情况，我们将利润最优化问题转化为如以下公式所示：

$$\max_{P}\pi_{FN} = P \times \left[\frac{1+\alpha_0-2c}{2(\alpha_0-\beta)} - \frac{P}{\alpha_0(1-\gamma)q_H} \right]$$

$$\text{s. t. } 0 < P < \frac{\alpha_0(1+\alpha_0-2c)(1-\gamma)q_H}{2(\alpha_0-\beta)}$$

因此，最优价格由一阶条件所决定，如以下公式所示：

$$\frac{\mathrm{d}\pi_{FN}}{\mathrm{d}P} = \frac{1+\alpha_0-2c}{2(\alpha_0-\beta)} - \frac{2P}{\alpha_0(1-\gamma)q_H} = 0$$

因此，我们可以得到 $P_{FN}^* = \dfrac{(1-2c+\alpha_0)\alpha_0(1-\gamma)q_H}{4(\alpha_0-\beta)}$。下面，我们需要检

验 P_{FN}^* 的值是否满足我们的条件 $0 < P < \dfrac{\alpha_0(1+\alpha_0-2c)(1-\gamma)q_H}{2(\alpha_0-\beta)}$，很显然，

当 $\beta < \beta_2$ 时，$0 < P_{FN}^* < \dfrac{\alpha_0(1+\alpha_0-2c)(1-\gamma)q_H}{2(\alpha_0-\beta)}$ 恒成立。因此，当 $\beta < \beta_2$ 时

（即区域 IS_{FN}），最优价格为 $P_{FN}^* = \dfrac{(1-2c+\alpha_0)\alpha_0(1-\gamma)q_H}{4(\alpha_0-\beta)}$。

其次，我们考虑当 $\beta_2 \leqslant \beta < \alpha_0$ 和 $P > \dfrac{(1-2c-\alpha_0+2\beta)(1-\gamma)q_H}{2}$ 的情况，

我们将利润最优化问题转化为如以下公式所示：

$$\max_P \pi_{FN} = P \times \left\{ \frac{1}{\alpha_0}\left[\beta - c + \frac{1+\alpha_0}{2} - \frac{P}{(1-\gamma)q_H} \right] \right\}$$

$$\text{s. t.} \begin{cases} \dfrac{(1-2c-\alpha_0+2\beta)(1-\gamma)q_H}{2} < P < \dfrac{(1-2c+\alpha_0+2\beta)(1-\gamma)q_H}{2} \\ P > 0 \end{cases}$$

因此，最优价格由一阶条件所决定，如以下公式所示：

$$\frac{\mathrm{d}\pi_{FN}}{\mathrm{d}P} = \frac{1}{\alpha_0}\left[\beta - c + \frac{1+\alpha_0}{2} - \frac{2P}{(1-\gamma)q_H} \right] = 0$$

因此，我们得到 $P_{FN}^* = \dfrac{(1-2c+\alpha_0+2\beta)(1-\gamma)q_H}{4}$。很显然，$P_{FN}^*$ 满足条

件 $P < \dfrac{(1-2c+\alpha_0+2\beta)(1-\gamma)q_H}{2}$ 和 $P > 0$。然而，要使得 P_{FN}^* 满足条件 $P >$

$\dfrac{(1-2c-\alpha_0+2\beta)(1-\gamma)q_H}{2}$，$\beta$ 必须小于 $\dfrac{3\alpha_0+2c-1}{2}$，令 $\beta_5 = \dfrac{3\alpha_0+2c-1}{2}$。因

此，当 $\beta < \min\{\beta_5, \alpha_0\}$ 时，$P_{FN}^* = \dfrac{(1-2c+\alpha_0+2\beta)(1-\gamma)q_H}{4}$。进一步地，

我们发现，令 $c_3 = \dfrac{1-\alpha_0}{2}$，条件 $\beta < \min\{\beta_5, \alpha_0\}$ 等同于条件 $c < c_3$ 和 $\beta_2 \leqslant \beta <$

β_5 或 $c_3 \leq c < c_1$ 和 $\beta_2 \leq \beta < \alpha_0$。因此，当 $c < c_3$ 和 $\beta_2 \leq \beta < \beta_5$ 或 $c_3 \leq c < c_1$ 和 $\beta_2 \leq \beta < \alpha_0$ 时（即区域 $CS - F_{FN}$），最优价格为 $P_{FN}^* = \dfrac{(1 - 2c + \alpha_0 + 2\beta)(1 - \gamma)q_H}{4}$。

最后，我们考虑当 $P \leq \dfrac{(1 - 2c - \alpha_0 + 2\beta)(1 - \gamma)q_H}{2}$ 或 $\beta \geq \alpha_0$ 的情况，在这种情况下，企业在仅有付费版的情况下覆盖了整个市场。因此，企业会制定它可以制定的最高价格，并保持市场的全覆盖。企业能够制定的最高价格也就是市场上消费者对该产品的最低评估值，因此，最优价格为 $P_{FN}^* = \dfrac{(1 - 2c - \alpha_0 + 2\beta)(1 - \gamma)q_H}{2}$。为了保证 $P_{FN}^* = \dfrac{(1 - 2c - \alpha_0 + 2\beta)(1 - \gamma)q_H}{2}$ 满足 $P > 0$，β 必须满足大于 β_2。因此，当 $\beta \geq \max\{\min\{\beta_5, \alpha_0\}, \beta_2\}$（即区域 $CS - N_{FN}$），最优价格为 $P_{FN}^* = \dfrac{(1 - 2c - \alpha_0 + 2\beta)(1 - \gamma)q_H}{2}$。当 $c \geq c_1$ 和 $\beta < \beta_2$ 时（即区域 ZD_{FN}），最优价格为 $P_{FN}^* = 0$。**证毕。**

值得注意的是，免费版和付费版的质量差异（即 γ）没有出现在需求的表达式中（即 D_{FNF}^*，D_{FNC}^* 和 D_{FN}^*），导致这种情况的主要原因如下：第一，在 FN 情形下，总需求，包括免费版的需求和付费版的需求，是由感知偏好为正的消费者数量（即 $\dfrac{1 + \alpha_0 - 2c}{2(\alpha_0 - \beta)}$ 或 1）决定的，与 γ 无关；第二，试用免费版和购买付费版的边际消费者的感知偏好也与 γ 无关，这是因为 γ 的影响在综合考虑价格差异和质量差异时被消除了。因此，在 FN 情形下，γ 不影响免费版的需求、付费版的需求和总需求，但影响付费版价格和企业利润。

图 3 - 4 展示了在 FN 情形下企业最优定价策略的情况。在区域 $CS\text{-}N_{FN}$，网络效应强度很高，因此，即使在提供免费版的情况下，企业可以设置一个较低的价格来使得消费者都购买付费版。在区域 $CS\text{-}F_{FN}$，网络效应强度不是很高且负面偏好的消费者数量很小，因此，企业设置一个较低的价格不足以使得所有的消费者都购买付费版，但是企业可以在提供免费版的情况下获得市场全覆盖。在区域 IS_{FN}，网络效应强度不是很高且负面偏好的消费者数量较大，企业在提供免费版的情况下不足以获得市场全覆盖，因此，企业会设

置一个较高的价格获取感知偏好较高的消费者。在区域 ZD_{FN}，网络效应强度不是很高且负面偏好的消费者数量很大，因此，企业将无法获得正的利润。

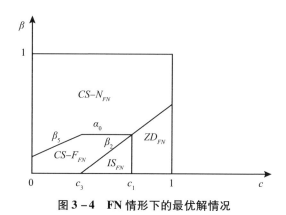

图 3 - 4　FN 情形下的最优解情况

3.3.2.4　FR 情形

在 FR 情形下，企业的定价策略与在 FN 情形下类似，只需要将 α_0 替换成 α 即可。FR 情形下的最优免费版需求（D_{FRF}^*），最优付费版需求（D_{FRC}^*），最优总需求（D_{FR}^*），最优价格（P_{FR}^*），和最优利润（π_{FR}^*）如表 3 - 6 所示。

表 3 - 6　　　　　　　　FR 情形下的最优需求、最优价格和最优利润

区域	D_{FRF}^*	D_{FRC}^*	D_{FR}^*	P_{FR}^*	π_{FR}^*
IS_{FR}	$\dfrac{1-2c+\alpha}{4(\alpha-\beta)}$	$\dfrac{1-2c+\alpha}{4(\alpha-\beta)}$	$\dfrac{1-2c+\alpha}{2(\alpha-\beta)}$	$\dfrac{(1-2c+\alpha)\alpha(1-\gamma)q_H}{4(\alpha-\beta)}$	$\dfrac{\alpha(1-2c+\alpha)^2(1-\gamma)q_H}{16(\alpha-\beta)^2}$
$CS-F_{FR}$	$\dfrac{-1+2c+3\alpha-2\beta}{4\alpha}$	$\dfrac{1-2c+\alpha+2\beta}{4\alpha}$	1	$\dfrac{(1-2c+\alpha+2\beta)(1-\gamma)q_H}{4}$	$\dfrac{(1-2c+\alpha+2\beta)^2(1-\gamma)q_H}{16\alpha}$
$CS-N_{FR}$	0	1	1	$\dfrac{(1-2c-\alpha+2\beta)(1-\gamma)q_H}{2}$	$\dfrac{(1-2c-\alpha+2\beta)(1-\gamma)q_H}{2}$
ZD_{FR}	0	0	0	0	0

3.3.2.5 信息性对企业利润的影响

在线评论不存在的情况下，比较 NN 情形和 FN 情形下信息源的信息性对企业利润的影响，如表 3-7 所示。

表 3-7 在线评论不存在的情况下信息性的影响

范围	NN 情形		FN 情形	
	区域	随 α_0 的变化情况	区域	随 α_0 的变化情况
$c < c_1$ 和 $0 < \beta < \beta_\alpha$	IS_{NN}	随 α_0 的增加而增加	IS_{FN}	随 α_0 的增加而增加
$c < c_1$ 和 $\beta_\alpha < \beta < \beta_2$				随 α_0 的增加而减少
$c < c_1$ 和 $\beta_2 < \beta < \beta_1$		随 α_0 的增加而减少	$CS \sim F_{FN}$	随 α_0 的增加而减少
$\{c < c_3$ 和 $\beta_1 < \beta < \beta_5\}$ 或 $\{c_3 \leqslant c < c_1$ 和 $\beta_1 < \beta < \alpha_0\}$	CS_{NN}	随 α_0 的增加而减少		
$\beta \geqslant \max\{\min\{\alpha_0,\ \beta_5\},\ \beta_2\}$			$CS \sim N_{FN}$	随 α_0 的增加而减少
$c \geqslant c_1$ 和 $\beta < \beta_2$	ZD_{NN}	—	ZD_{FN}	—

从表 3-7 中，我们观察到两个有趣的结论：第一，在 NN 情形和 FN 情形，企业的利润都是随着 α_0 增加先增加后减少，这说明高的信息性对企业来说不一定是好事。第二，在线评论不存在的情况下，在 FN 情形下企业的利润 α_0 增加而增加的区域比在 NN 情形下要小，这说明提供免费版减少了企业能够从高信息性获利的可能性。在线评论存在的情况下，信息性对企业利润的影响与在线评论不存在的情况类似，只需要将 α_0 替换成 α。由于在线评论存在的情况下的信息性总是高于在线评论不存在的情况下的信息性（即 $\alpha > \alpha_0$），因此，在线评论存在的情况下信息性对利润影响的变化总是先于在线评论不存在的情况。

3.3.3 免费版提供决策

在本小节，通过比较 NN 情形下的企业利润和 FN 情形下的企业利润，我们可以得到企业的最优免费版提供策略。然后，比较在线评论不存在情况下的最优免费版提供策略和在线评论存在情况下的最优免费版提供策略，我们可以得到在线评论的存在对企业免费版提供策略的影响。

3.3.3.1 在线评论不存在的情况下免费版提供策略

为了得到在线评论不存在的情况下企业的最优免费版提供策略，我们需要比较在 c 和 β 所有可能取值范围内的 NN 情形和 FN 情形。图 3 – 5 为在线评论不存在的情况下企业免费版提供策略的示意图，定理 3 – 1 总结了图 3 – 5 所展示的结果。

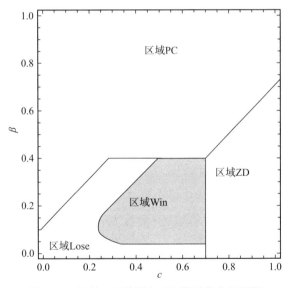

图 3 – 5　比较 NN 情形与 FN 情形的企业利润

定理 3 – 1：在线评论不存在的情况下，（a）在区域 Win 内，垄断企业提供免费版产生的利润高于不提供免费版；（b）在区域 PC、区域 Lose 和区域 ZD，垄断企业提供免费版产生的利润弱低于不提供免费版。

证明：为了更好地比较 NN 情形和 FN 情形，我们进一步定义以下区域，如表 3 – 8 所示。

表 3 - 8 区域定义

区域		范围定义
区域 PC		$\{(c, \beta) \mid c < c_3\ 和\ \beta \geqslant \beta_5 \parallel c_3 \leqslant c < c_1\ 和\ \beta \geqslant \alpha_0 \parallel c \geqslant c_1\ 和\ \beta \geqslant \beta_2\}$
区域 Win-Lose	区域 Win-Lose1	$\{(c, \beta) \mid c < c_1\ 和\ \beta_1 \leqslant \beta < \min\{\beta_5,\ \alpha_0\}\}$
	区域 Win-Lose2	$\{(c, \beta) \mid c < c_1\ 和\ \beta_2 \leqslant \beta < \beta_1\}$
	区域 Win-Lose3	$\{(c, \beta) \mid c < c_1\ 和\ \beta < \beta_2\}$
区域 ZD		$\{(c, \beta) \mid c \geqslant c_1\ 和\ \beta < \beta_2\}$

我们通过比较每个被定义的区域内 NN 情形和 FN 情形的价格、付费版需求和企业利润，我们就可以知道提供免费版是否增加了产品价格、付费版需求和企业利润。

在区域 PC，我们首先比较 NN 情形和 FN 情形的价格。因为 $P_{FN}^* - P_{NN}^* = \dfrac{(1 - 2c - \alpha_0 + 2\beta)(1 - \gamma)q_H}{2} - \dfrac{(1 - 2c - \alpha_0 + 2\beta)q_H}{2} = -\dfrac{\gamma(1 - 2c - \alpha_0 + 2\beta)q_H}{2} <$ 0，所以我们有 $P_{FN}^* < P_{NN}^*$ 恒成立。然后我们比较 NN 情形和 FN 情形的付费版需求，我们发现 NN 情形下的需求等于 FN 情形下的需求（即 $D_{FN}^* = D_{NN}^* = 1$）。因此，NN 情形下的企业利润低于 FN 情形下的企业利润（即 $\pi_{FN}^* < \pi_{NN}^*$）。

在区域 Win-Lose1，首先，我们比较 NN 情形和 FN 情形的付费版需求，因为 $D_{NN}^* = 1 > \dfrac{1 - 2c + \alpha_0 + 2\beta}{4\alpha_0} = D_{FN}^*$，所以 NN 情形下的付费版需求总是高于 FN 情形下的付费版需求。其次，我们比较 NN 情形和 FN 情形的价格，即 $P_{FN}^* - P_{NN}^* = \dfrac{(1 - 2c + \alpha_0 + 2\beta)(1 - \gamma)q_H}{4} - \dfrac{(1 - 2c - \alpha_0 + 2\beta)q_H}{2}$。通过计算我们可以得到，当 $\beta > \dfrac{1 - 2c - \alpha_0}{1 - \gamma} + \dfrac{1 - 2c + \alpha_0}{2}$ 时，$P_{FN}^* < P_{NN}^*$；当 $\beta \leqslant \dfrac{1 - 2c - \alpha_0}{1 - \gamma} + \dfrac{1 - 2c + \alpha_0}{2}$ 时，$P_{FN}^* \geqslant P_{NN}^*$。最后，我们比较 NN 情形和 FN 情形的利润，即 $\pi_{FN}^* - \pi_{NN}^* = \dfrac{(1 - 2c + \alpha_0 + 2\beta)^2(1 - \gamma)q_H}{16\alpha_0} - \dfrac{(1 - 2c - \alpha_0 + 2\beta)q_H}{2}$。通过计算

我们可以得到，当 $\beta > -\dfrac{1}{2} + c + \alpha_0\left(-\dfrac{1}{2} + \dfrac{2}{1+\sqrt{\gamma}}\right) = \hat{\beta}_1$ 时，$\pi_{FN}^* < \pi_{NN}^*$；当 $\beta \leqslant \hat{\beta}_1$ 时，$\pi_{FN}^* \geqslant \pi_{NN}^*$。总结在区域 Win-Lose1 的结果，有三种情况：当 $\left\{(c,\beta)\,\Big|\,c < c_1 \text{ 和 } \dfrac{1-2c-\alpha_0}{1-\gamma} + \dfrac{1-2c+\alpha_0}{2} \leqslant \beta < \min\{\beta_5,\ \alpha_0\}\right\}$ 时，$P_{NN}^* > P_{NR}^*$，$D_{NN}^* > D_{NR}^*$，和 $\pi_{NN}^* > \pi_{NR}^*$，将该区域定义为区域 Win-Lose1A；当 $\Big\{(c,\beta)\,\Big|\,c < c_1 \text{ 和 } \hat{\beta}_1 \leqslant \beta < \dfrac{1-2c-\alpha_0}{1-\gamma} + \dfrac{1-2c+\alpha_0}{2}\Big\}$ 时，$P_{NN}^* < P_{NR}^*$，$D_{NN}^* > D_{NR}^*$，和 $\pi_{NN}^* > \pi_{NR}^*$，将该区域定义为区域 Win-Lose1B；当 $\{(c,\beta)\,|\,c < c_1 \text{ 和 } \beta_1 \leqslant \beta < \hat{\beta}_1\}$ 时，$P_{NN}^* < P_{NR}^*$，$D_{NN}^* > D_{NR}^*$，和 $\pi_{NN}^* < \pi_{NR}^*$，将该区域定义为区域 Win-Lose1C。

在区域 Win-Lose2，首先，我们比较 NN 情形和 FN 情形的付费版需求，因为 $D_{NN}^* = \dfrac{1-2c+\alpha_0}{4(\alpha_0-\beta)} > \dfrac{1-2c+\alpha_0+2\beta}{4\alpha_0} = D_{FN}^*$，所以 NN 情形下的付费版需求总是高于 FN 情形下的付费版需求。其次，我们比较 NN 情形和 FN 情形的价格，即 $P_{FN}^* - P_{NN}^* = \dfrac{(1-2c+\alpha_0+2\beta)(1-\gamma)q_H}{4} - \dfrac{(1-2c+\alpha_0)q_H}{4}$。通过计算我们可以得到，当 $\beta < \dfrac{(1-2c+\alpha_0)\gamma}{2(1-\gamma)}$ 时，$P_{FN}^* < P_{NN}^*$；当 $\beta \geqslant \dfrac{(1-2c+\alpha_0)\gamma}{2(1-\gamma)}$ 时，$P_{FN}^* \geqslant P_{NN}^*$。最后，我们比较 NN 情形和 FN 情形的利润，即 $\pi_{FN}^* - \pi_{NN}^* = \dfrac{(1-2c+\alpha_0+2\beta)^2(1-\gamma)q_H}{16\alpha_0} - \dfrac{(1-2c+\alpha_0)^2 q_H}{16(\alpha_0-\beta)}$。通过计算我们可以得到，存在一个 $\hat{\beta}_2$ 由方程 $\dfrac{(1-2c+\alpha_0)^2 q_H}{16(\alpha_0-\beta)} = \dfrac{(1-2c+\alpha_0+2\beta)^2(1-\gamma)q_H}{16\alpha_0}$ 所决定，当 $c < c_1$ 和 $\max\{\beta_2,\ \hat{\beta}_2\} \leqslant \beta < \beta_1$ 时，$\pi_{FN}^* \geqslant \pi_{NN}^*$，将该区域定义为区域 Win-Lose2C，当（区域 Win-Lose2）−（区域 Win-Lose2C）时，$\pi_{FN}^* < \pi_{NN}^*$。总结在区域 Win-Lose2 的结果，有三种情况：当 $\left\{(c,\beta)\,\Big|\,c < c_1 \text{ 和 } 0 \leqslant \beta < \min\left\{\beta_2,\ \beta_1,\ \dfrac{(1-2c+\alpha_0)\gamma}{2(1-\gamma)}\right\}\right\}$ 时，$P_{NN}^* > P_{NR}^*$，$D_{NN}^* > D_{NR}^*$，和 $\pi_{NN}^* > \pi_{NR}^*$，将该区域定义为区域 Win-Lose2A；当（区域 Win-

Lose2）–（区域 Win-Lose2A）–（区域 Win-Lose2C）时，$P_{NN}^* < P_{NR}^*$，$D_{NN}^* > D_{NR}^*$，和 $\pi_{NN}^* > \pi_{NR}^*$，将该区域定义为区域 Win-Lose2B；当在区域 Win-Lose2C 时，$P_{NN}^* < P_{NR}^*$，$D_{NN}^* > D_{NR}^*$，和 $\pi_{NN}^* < \pi_{NR}^*$。

在区域 Win-Lose3，首先，我们比较 NN 情形和 FN 情形的付费版需求，因为 $D_{FN}^* = D_{NN}^* = \dfrac{1 - 2c + \alpha_0}{4(\alpha_0 - \beta)}$，所以 NN 情形下的付费版需求等于 FN 情形下的付费版需求。其次，我们比较 NN 情形和 FN 情形的价格，即 $P_{FN}^* - P_{NN}^* = \dfrac{(1 - 2c + \alpha_0)\alpha_0(1 - \gamma)q_H}{4(\alpha_0 - \beta)} - \dfrac{(1 - 2c + \alpha_0)q_H}{4} = \dfrac{(1 - 2c + \alpha_0)(\beta - \alpha_0\gamma)q_H}{4(\alpha_0 - \beta)}$。通过计算我们可以得到，当 $\beta < \alpha_0\gamma = \hat\beta_3$ 时，$P_{FN}^* < P_{NN}^*$；当 $\beta \geqslant \hat\beta_3$ 时，$P_{FN}^* \geqslant P_{NN}^*$。最后，我们比较 NN 情形和 FN 情形的利润，因为 NN 情形和 FN 情形的需求相等，所以 NN 情形和 FN 情形的利润比较与价格比较的结果相同，即当 $\beta < \hat\beta_3$ 时，$\pi_{FN}^* < \pi_{NN}^*$；当 $\beta \geqslant \hat\beta_3$ 时，$\pi_{FN}^* \geqslant \pi_{NN}^*$。总结在区域 Win-Lose3 的结果，有两种情况：当 $\{(c, \beta) | c < c_1$ 和 $\hat\beta_4 < \beta < \beta_2\}$ 时，$P_{NN}^* < P_{NR}^*$，$D_{NN}^* = D_{NR}^*$，和 $\pi_{NN}^* < \pi_{NR}^*$，将该区域定义为区域 Win-Lose3A；当 $\{(c, \beta) | c < c_1$ 和 $\beta < \hat\beta_3\}$ 时，$P_{NN}^* > P_{NR}^*$，$D_{NN}^* = D_{NR}^*$，和 $\pi_{NN}^* > \pi_{NR}^*$，将该区域定义为区域 Win-Lose3B。

在区域 ZD，NN 情形和 FN 情形的最优价格、付费版的最优需求和最优利润都为零，因此，NN 情形和 FN 情形的最优价格、付费版的最优需求和最优利润都相等。

我们将以上所有结论进行总结如表 3 – 9 所示。

表 3 – 9   **NN 情形和 FN 情形的比较**

区域		P_{NN}^* 与 P_{FN}^* 的大小	D_{NN}^* 与 D_{FN}^* 的大小	π_{NN}^* 与 π_{FN}^* 的大小
区域 PC		>	=	>
区域 Win-Lose1	A	>	>	>
	B	<	>	>
	C	<	>	<

续表

区域		P_{NN}^* 与 P_{FN}^* 的大小	D_{NN}^* 与 D_{FN}^* 的大小	π_{NN}^* 与 π_{FN}^* 的大小
区域 Win-Lose2	A	>	>	>
	B	<	>	>
	C	<	>	<
区域 Win-Lose3	A	<	=	<
	B	>	=	>
区域 ZD		=	=	=

因此，在区域 Win = 区域 Win-Lose1C ∪ 区域 Win-Lose2C ∪ 区域 Win-Lose3A，企业提供免费版时的利润高于企业不提供免费版时的利润；在区域 PC，区域 ZD 和区域 Lose = 区域 Win-Lose − 区域 Win，企业提供免费版时的利润弱低于企业不提供免费版时的利润。**证毕**。

这个结果是由提供免费版所产生的具有相反作用的两个效应造成的。当企业提供一个产品的免费版时，就会有一部分付费版用户可能转化为免费版用户，因此，企业就会有失去一部分付费版用户需求的风险（Cheng & Tang，2008）。这种需求的转变是因为，在没有免费版的情况下，一部分感知偏好低的消费者会购买该产品，但在企业提供免费版的情况下，这部分消费者将会使用免费版。在这种情况下，企业将会因为失去一部分感知偏好低的消费者或降低付费版产品的价格而损失一部分利润，即需求削减效应。然而，提供免费版也可以让企业从网络效应中获利。通过提供免费版，企业可以提高其产品用户基数，在网络效应的影响下，所有消费者对产品的期望偏好被提升。因此，企业将会因为获得一部分免费版不提供的情况下根本不存在的高感知偏好消费者或能够提高付费版的价格而增加一部分利润。

下面我们来分析一下定理 3 − 1 揭示的经济意义。首先，在区域 ZD，在 NN 情形和 FN 情形下的最优价格、付费版的最优需求和最优利润都为零。其次，在区域 PC，提供免费版仅会产生需求削减效应，企业无法从网络效应中获利,因为在 NN 情形下产品的需求已经全覆盖整个市场,提供免费版不能够增加消费者基数。因此,提供免费版不能够为企业产生更多的利润。最后,在区域 Win-Lose,提供免费版总是会失去一部分付费版的需求。在区域 Lose,提供免费版引起的需求削减效应导致付费版的需求弱低于没有免费版时产品的需求。因此,在区域 Lose,提供免费版对企业来说不是一个有利可图的策略。在区域 Win,尽管需求削减效应也存在,但是网络效应主导了需求削减效应。当企业提供免费版时,网络效应提高了消费者的期望偏好,从而使得企业可以制定更高的价格。因此,在区域 Win,提供免费版对企业来说是一个有利可图的策略。值得注意的是图 3 - 5 中显示,区域 Win 要求负面偏好的消费者数量(即 c 值)充分大和网络效应强度(即 β 值)充分大。这是因为,c 值充分大可以保证需求削减效应足够小,β 值充分大可以保证网络效应足够大,从而可以主导需求削减效应。这个结论与程和唐(Cheng & Tang,2010)所揭示的结论一致。提供免费版对企业是否有利可图取决于需求削减效应和网络效应的强度,当需求削减效应主导网络效应,提供免费版对企业来说不是有利可图的策略,当网络效应主导需求削减效应,提供免费版对企业来说是有利可图的策略。

下面,我们讨论没有在线评论的情况下免费版与付费版之间的质量差异对企业免费版提供策略的影响,推论 3 - 1 总结了没有在线评论的情况下免费版与付费版之间的质量差异对企业免费版提供策略的影响结果。

推论 3 - 1:其他参数保持不变,没有在线评论的情况下提供免费版能够产生更高利润的区域大小随着 γ 的增加而减少。

证明:保持其他参数不变的情况下,仅改变参数 γ 的值,则区域 Win 中的边界值 $\beta_5 = \dfrac{3\alpha_0 + 2c - 1}{2}$ 和 $c_1 = \dfrac{1 + \alpha_0}{2}$ 是不变的,变化的是区域 Win 中的边界值 $\hat{\beta}_1 = -\dfrac{1}{2} + c + \alpha_0 \left(-\dfrac{1}{2} + \dfrac{2}{1 + \sqrt{\gamma}} \right)$、$\hat{\beta}_2$ 和 $\hat{\beta}_3 = \alpha_0 \gamma$。因此,求解 $\dfrac{\partial \hat{\beta}_1}{\partial \gamma} = -\dfrac{\alpha_0}{(1 + \sqrt{\gamma})^2 \sqrt{\gamma}} < 0$,我们可以知道区域 Win 中的边界值 $\hat{\beta}_1$ 随着 γ 的增大而

减小，求解 $\dfrac{\partial \hat{\beta}_3}{\partial \gamma} = \alpha_0$，我们可以知道区域 Win 中的边界值 $\hat{\beta}_3$ 随着 γ 的增大而增大。由于区域 Win 的连续性，我们可以推断 $\hat{\beta}_2$ 与 $\hat{\beta}_1$ 和 $\hat{\beta}_3$ 的变化保持一致。因此，我们可以推断，没有在线评论的情况下提供免费版能够产生更高利润的区域大小随着 γ 的增加而减少。**证毕**。

图 3-6 展示了推论 3-1 揭示的结果。在图 3-6 中，我们保持其他参数不变，使得 γ 的值从 0.1 变为 0.4。从图 3-6 中，我们可以很清晰地看到，没有在线评论的情况下提供免费版能够产生更高利润的区域大小，在 γ 值较大时（如图 3-6（b）所示）比在 γ 值较小时（如图 3-6（a）所示）要小得多。当 γ 值越大时，表明免费版与付费版之间的质量差异越小。在这种情况下，消费者更愿意选择免费版，因此，企业从提供免费版中获利的可能性也越低。这个结论扩展了哈鲁维和普拉萨德（Haruvy & Prasad，2001）的结论，哈鲁维和普拉萨德（Haruvy & Prasad，2001）认为免费版的质量必须足够小才能够使得需求削减效应足够小，然而，我们的结论指出免费版和付费版之间的质量差异越大，企业从提供免费版中获利的可能性越大。

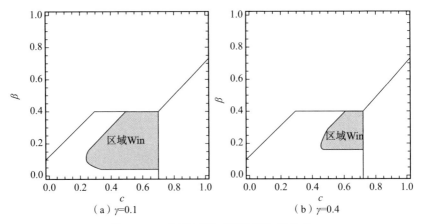

图 3-6 γ 取值不同时区域 **Win** 的比较

3.3.3.2 在线评论的存在对免费版提供策略的影响

为了理解在线评论对免费版提供策略的影响，我们首先来讨论在线评论存在的情况下企业的最优免费版提供策略。我们保持其他参数不变的情况下，将 α 的值从 0.4 提高到 0.8，如图 3-7 所示。从图 3-7 中我们可以发现，与区域 Win 相比，区域 Win-R 的 β 下限值、β 上限值及 c 的上限值都更大。为了更好地理解这个结果，我们首先需要理解在线评论在其中的作用。在线评论存在情况下信息源的信息性比在线评论不存在情况下要高，这是因为在线评论提供了产品描述和其他信息源能提供的额外产品信息（Kwark et al.，2014）。在线评论的存在而产生的高信息性帮助消费者更好的评估他们自己的产品偏好，而不是仅仅依靠所有消费者的平均偏好，从而导致所有消费者的期望偏好分布更加分散。我们将这个效应称为在线评论的离散效应。例如，我们从前文的分析中可以知道，在线评论存在的情况下所有消费者的期望偏好服从 $\left[\beta Q - c + \dfrac{1-\alpha}{2},\ \beta Q - c + \dfrac{1+\alpha}{2}\right]$ 上的均匀分布。当信息源（包含在线评论）的信息性极低时（即 $\alpha = 0$），所有消费者的期望偏好保持一致，都为 $\beta Q - c + \dfrac{1}{2}$；当信息源（包含在线评论）的信息性极高时（即 $\alpha = 1$），所有消费者的期望偏好服从 $\left[\beta Q - c,\ \beta Q - c + 1\right]$ 的均匀分布。因此，随着信息性的增加，所有消费者的期望偏好服从一个更加分散的均匀分布。

目前，学者们已经讨论了在线评论的一些效应，例如，价格效应（即价格会影响消费者给出的在线评论）（Li & Hitt，2010），方差减少效应（即在线评论减少了消费者感知质量差异的异质性）和均值平移效应（在线评论能使得产品的感知质量差异向在线评论所偏好的产品平移）（Kwark et al.，2014；Cao，2020），精度提高效应（即在线评论能够提高企业对消费者偏好和产品评价估计准确性，也就是说在线评论可以提高企业对消费者的了解程度）和相关性增加效应（即在线评论使得竞争企业对消费者的估计更加相似，这是因为在线评论是公共信息并对所用企业来说都是相同的）（Kwark et al.，2018）。与之前的文献不同，本节提出了在线评论的离散效应，并指出在线评论存在的情况下高的信息性会使得消费者的期望偏好服从一个更加分散的均匀分布。

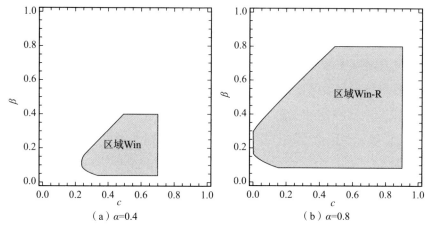

图 3 - 7　在线评论存在的情况下企业最优免费版提供策略

下面，我们利用在线评论的离散效应来解释在线评论存在的情况下企业的最优免费版提供策略的改变。首先，在线评论存在的情况下 c 的上限值会更大。这是因为当负面偏好的消费者数量很大时，离散效应会导致至少仍有一部分消费者对产品保持正的偏好。其次，在线评论存在的情况下 β 的上限值会更大。在线评论不存在的情况下，当 β 值较大时，付费版的需求已经达到了需求约束。因此，提供免费版仅会产生需求削减效应，企业无法从网络效应获利。然而，在线评论存在的情况下，当 β 值较大时，离散效应导致付费版的需求低于需求约束。此时，提供免费版企业将从网络效应中获得的收益比从需求削减效应中遭受的损失多。最后，在线评论存在的情况下 β 的下限值会更大。在线评论不存在的情况下，在区域 Win 之内沿着 β 的下限值，网络效应主导需求削减效应。然而，在线评论存在的情况下，离散效应导致不提供免费版和提供免费版之间的价格变化更加剧烈。因此，在线评论不存在的情况下 β 的下限值不足以维持网络效应主导需求削减效应。

将图 3 - 7（a）和图 3 - 7（b）重合，如图 3 - 8 所示，我们可以得到定理 3 - 2。在定理 3 - 2 中，策略 S_{FF} 表示在线评论不存在的情况下和在线评论存在的情况下企业的最优免费版提供策略都是提供免费版；策略 S_{NN} 表示在线评论不存在的情况下和在线评论存在的情况下企业的最优免费版提供策略都是不提供免费版；策略 S_{NF} 表示企业的最优免费版提供策略从在线评论不存在的情况下不提供免费版到在线评论存在的情况下提供免费版；策略 S_{FN} 表示企业的最优免费版提供策略从在线评论不存在的情况下提供免费版到在线评论不存在的情况下不提供免费版。

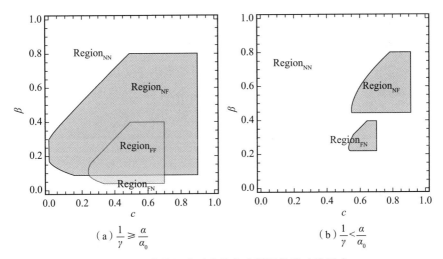

图 3 - 8　在线评论对企业免费版提供策略的影响

定理 3 - 2：当垄断企业可以选择是否提供免费版时，（a）在区域 $Region_{NN}$，在线评论的存在导致企业采纳 S_{NN} 策略；（b）在区域 $Region_{NF}$，在线评论的存在导致企业采纳 S_{NF} 策略；（c）在区域 $Region_{FN}$，在线评论的存在导致企业采纳 S_{FN} 策略；（d）在区域 $Region_{FF}$，在线评论的存在导致企业采纳 S_{FF} 策略；然而，当 $\frac{1}{\gamma} < \frac{\alpha}{\alpha_0}$，$S_{FF}$ 策略不存在。

在线评论存在的情况下企业免费版提供策略与网络效应、需求削减效应和离散效应有关。在区域 $Region_{NN}$，在线评论不存在的情况下和在线评论存在的情况下，提供免费版都使得企业因需求削减效应主导网络效应而利润受损。更重要的是，离散效应并不能改变需求削减效应的主导地位。因此，在线评论存在的情况下，企业仍不会提供免费版。在区域 $Region_{NF}$，在线评论不存在的情况下，提供免费版会使得企业因需求削减效应主导网络效应而利润受损，因此，企业不会提供免费版；在线评论存在的情况下，离散效应将需求削减效应的主导地位改变为网络效应，因此，当在线评论从不存在改为存在时，企业的免费版策略从不提供免费版改为提供免费版。在区域 $Region_{FN}$，在线评论不存在的情况下，提供免费版使得企业因网络效应主导需求削减效应而受利，因此，企业会提供免费版；在线评论存在的情况下，离散效应将网络效应的主导地位改变为需求削减效应，因此，当在线评论从不存在改为存在时，企业的免费版策略从提供免费版改为不提供免费版。在区域 $Region_{FF}$，在线评论不存在的情况下和在线评论存在的情况下，提供免费版都使得企业因网络效应主导需求削减效应而受利。更重要的是，离散效应并不能改变网络效应的主导地位。因此，在线评论存在的情况下，企业仍会提供免费版（如图 3 - 8（a）所示）。

值得注意的是，$\frac{\alpha}{\alpha_0}$ 表示在线评论的信息性。当 $\frac{\alpha}{\alpha_0}$ 极小时，也就是说 α（即包括在线评论在内的信息源的信息性）比 α_0（即不包括在线评论在内的信息源的信息性）稍大，在线评论的信息性较小；当 $\frac{\alpha}{\alpha_0}$ 极大时，也就是说 α 显著地比 α_0 大，在线评论的信息性较大。当 $\frac{1}{\gamma} \geq \frac{\alpha}{\alpha_0}$ 时，也就是说免费版和付费版之间的质量差异比在线评论的信息性大时，即使在免费版存在的情况下消费者也更愿意选择付费版，同时在线评论的离散效应充分小，不足以改变网络效应的主导性。因此，在线评论不存在的情况下和在线评论存在的情况下，提供免费版更可能成为对企业有利的策略，即 S_{FF} 策略（如图 3 - 8（a）所示）。但当 $\frac{1}{\gamma} < \frac{\alpha}{\alpha_0}$ 时，也就是说免费版和付费版之间的质量差异比在线评

论的信息性小时，免费版和付费版之间的选择差异对消费者来说不是那么的显著，同时在线评论的离散效应足够大，可以改变网络效应或需求削减效应的主导作用。因此，在线评论不存在情况下或在线评论存在的情况下，提供免费版都不可能成为对企业有利的策略，从而导致 S_{FF} 策略消失（如图 3 – 8 (b) 所示）。

就我们所知，定理 3 – 2 的结果是对相关文献结论的一种新的补充。在以往的研究中，在线评论和企业的免费版提供策略是单独被研究的（如 Chang & Tang，2010；Cheng & Liu，2012；Cheng & Xie，2008；Kwark et al.，2014）。然而，定理 3 – 2 的结论显示企业可以将免费版提供策略当作响应在线评论存在的一种战略工具，已经在实践中有着比较广泛地应用。例如，电影"圣何塞谋杀案"一开始在视频平台上映时是收费的，一段时间后改为可以带广告的免费收看和无广告的会员（即通过收取会员费）收看。我们注意到在企业改变其策略之前，电影的评分已经呈现并维持在较低的水平。所以我们认为，企业改变其策略是因为，一开始在线评论不存在的情况下，信息源的信息性较低，导致消费者对该电影的偏好的分布比较聚合，因此，有相当一部分对电影具有高偏好的消费者（如电影中有喜欢的演员）会付费看该电影。但是，在后期在线评论存在的情况下，信息源的信息性提高了，导致消费者对该电影的偏好分布分散了，因此，对该电影高偏好的消费者数量显著降低，仅付费版不能为电影带来更多的消费者。所以，提供了带有广告的免费版以利用网络效应。移动应用（Camera +2）为我们提供了跟电影"圣何塞谋杀案"策略相反的实例。我们在引言部分提到过移动应用（Camera +），有两个版本：付费版和免费版，而移动应用（Camera +2）是移动应用（Camera +）的升级版并只提供付费版。我们也注意到在升级版发布之前，原移动应用的在线评分已经呈现并维持在相当高的水平。所以我们认为，企业改变其策略是因为，在一开始发布移动应用（Camera +）时，消费者并不清楚这款移动应用的功能和性能。因此，在信息源信息性低的情况下，提供免费版可以使得企业从网络效应中获利。然而，在后期在线评论存在的情况下，企业可以通过仅提供付费版来避免需求削减效应。

3.3.4 在线评论与免费版的交互作用

在本节中，从垄断企业的视角，讨论在线评论和免费版是互补关系还是替代关系。定理 3-2 揭示了在区域 Region_{NN}（如图 3-8 所示），企业都不会提供免费版的，因为无论在线评论是否存在提供免费版都会降低企业的利润。因此，在这块区域，讨论在线评论与免费版是互补关系还是替代关系没有实际意义。在区域 Region_{NF}（如图 3-8 所示），在线评论不存在的情况下提供免费版会降低企业的利润，但在线评论存在的情况下提供免费版会增加企业的利润，因此，在区域 Region_{NF} 很明显在线评论和免费版存在着互补关系，因为在线评论的存在使得提供免费版这一策略从降低企业利润变为增加企业利润。在区域 Region_{FN}（如图 3-8 所示），在线评论不存在的情况下提供免费版增加企业的利润，但在线评论存在的情况下，提供免费版减少企业的利润。因此，在区域 Region_{FN} 很明显在线评论和免费版存在着替代作用，因为在线评论的存在使得提供免费版这一策略从增加企业利润变为减少企业利润。

因此，我们主要关注区域 Region_{FF}（如图 3-8（a）所示）。通过比较在线评论存在的情况下提供免费版时的利润增加（即 $\pi_{FR}^{*} - \pi_{NN}^{*}$）与仅提供免费版（$\pi_{FN}^{*} - \pi_{NN}^{*}$）和仅在线评论存在的情况下（$\pi_{NR}^{*} - \pi_{NN}^{*}$）的利润增加，我们得出定理 3-3。

定理 3-3：在区域 Region_{FF}，如果 $\beta \geqslant \hat{\beta}$ 或 $\tilde{\beta}_{C1} \leqslant \beta < \tilde{\beta}_{C2}$，在线评论和免费版是互补关系；在其他情况下，在线评论和免费版是替代关系。

证明：定理 3-3 只是总结了在区域 Region_{FF} 中的结论，我们下面的证明覆盖的是当区域 Region_{FF} 存在的情况下整个可行域中在线评论与免费版的交互作用。定义 $\Delta\pi_{R} = \Delta\pi_{NR}^{*} - \Delta\pi_{NN}^{*}$，$\Delta\pi_{F} = \Delta\pi_{FN}^{*} - \Delta\pi_{NN}^{*}$ 和 $\Delta\pi_{FR} = \Delta\pi_{FR}^{*} - \Delta\pi_{NN}^{*}$。因此，在线评论与免费版的交互作用可以被公式 $\Delta\pi = \Delta\pi_{FR} - \Delta\pi_{R} - \Delta\pi_{F} = (\Delta\pi_{FR}^{*} - \Delta\pi_{NR}^{*}) - (\Delta\pi_{FN}^{*} - \Delta\pi_{NN}^{*})$ 所表示。当 $\Delta\pi > 0$ 时，在线评论与免费版存在着互补关系，当 $\Delta\pi < 0$ 时，在线评论与免费版存在着替代关系。

由于当在线评论信息性（即$\frac{\alpha_0}{\alpha}$）的值不同时，进行比较的区域也不同，因此，存在有三种情况：当$\frac{\alpha_0}{\alpha} < \frac{1}{3}$时，当$\frac{1}{3} \leq \frac{\alpha_0}{\alpha} < \frac{3}{5}$时和当$\frac{\alpha_0}{\alpha} \geq \frac{3}{5}$时。但在这三种情况下，尽管比较的区域会有所不同，但是证明的逻辑和结果都相似，因此，在这里，我们仅展示当$\frac{1}{3} \leq \frac{\alpha_0}{\alpha} < \frac{3}{5}$时的证明过程。

图 3-9 展示了当$\frac{1}{3} \leq \frac{\alpha_0}{\alpha} < \frac{3}{5}$时 NN 情形、FN 情形、NR 情形和 FR 情形进行比较的所有可能情况，其中 Region A 至 Region N 的定义如表 3-10 所示。

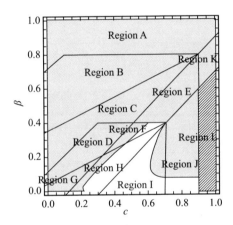

图 3-9 当$\frac{1}{3} \leq \frac{\alpha_0}{\alpha} < \frac{3}{5}$时四种情形的比较

表 3-10 区域定义

区域	定义
Region A	$c < c_4$ 和 $\beta \geq \beta_6$ ‖ $c_4 \leq c < c_2$ 和 $\beta \geq \alpha$ ‖ $c \geq c_2$ 和 $\beta \geq \beta_4$
Region B	$c < c_2$ 和 $\beta_3 \leq \beta < \min\{\beta_6,\ \alpha\}$
Region C	$c < c_3$ 和 $\beta_5 \leq \beta < \beta_3$ ‖ $c \geq c_3$ 和 $\max\{\beta_4,\ \alpha_0\} \leq \beta < \beta_3$
Region D	$\max\{\beta_4,\ \beta_1\} \leq \beta < \min\{\beta_5,\ \alpha_0\}$
Region E	$c < c_2$ 和 $\beta_2 \leq \beta < \min\{\beta_4,\ \alpha_0\}$

区域	定义
Region F	$\beta_1 \leqslant \beta < \min\{\beta_4,\ \alpha_0\}$
Region G	$\beta_4 \leqslant \beta < \beta_1$
Region H	$c < c_3$ 和 $\beta < \beta_4$ ‖ $c \geqslant c_3$ 和 $\beta_2 \leqslant \beta < \beta_4$
Region I	$c_3 \leqslant c < c_1$ 和 $\beta < \beta_2$
Region J	$c_1 \leqslant c < c_2$ 和 $\beta < \beta_2$
Region K	$c \geqslant c_2$ 和 $\beta_2 \leqslant \beta < \beta_4$
Region L	$c \geqslant c_2$ 和 $\beta < \beta_2$

首先，在 Region A、Region B、Region C、Region D、Region E、Region G 和 Region K，很显然，$\Delta\pi$ 总是大于零，因此，在这些区域中，在线评论与免费版存在着互补关系。

其次，在 Region F 和 Region H，我们无法直接获得 $\Delta\pi > 0$ 的条件。但是，在 Region F 和 Region H 中，我们知道 $\dfrac{\partial \Delta\pi}{\partial\beta} > 0$。由于连续性，Region F 和 Region H 由 β_1 连接，可以看成一个连续的区域。因此，我们只需要确定在 Region F 中 $\Delta\pi\,|_{\beta=\beta_4}$ 的符号和在 Region H 中 $\Delta\pi\,|_{\beta=\beta_2}$ 和 $\Delta\pi\,|_{\beta=\beta_4}$ 的符号。在 Region F，通过计算我们可以得到 $\Delta\pi\,|_{\beta=\beta_4} > 0$；在 Region H，通过计算我们可以得到 $\Delta\pi\,|_{\beta=\beta_2} < 0$ 和 $\Delta\pi\,|_{\beta=\beta_4} > 0$。因此，我们可以推断，在 Region F 和 Region H 中，存在着一个 $\hat{\beta}$，当 $\beta \geqslant \hat{\beta}$ 时，$\Delta\pi > 0$，其中 $\hat{\beta}$ 为在 Region F 中为方程 $\dfrac{(\beta-\alpha\gamma)(1-2c+\alpha)^2}{(\alpha-\beta)^2} = \dfrac{(1-\gamma)(1-2c+\alpha_0+2\beta)^2}{\alpha_0} - 8(1-2c-\alpha_0+2\beta)$ 所决定的根和在 Region H 中为方程 $\dfrac{(\beta-\alpha\gamma)(1-2c+\alpha)^2}{(\alpha-\beta)^2} = \dfrac{(1-\gamma)(1-2c+\alpha_0+2\beta)^2}{\alpha_0} - \dfrac{(1-2c+\alpha_0)^2}{(\alpha_0-\beta)}$ 所决定的根。

再其次，在 Region I 中，要使 $\Delta\pi > 0$，通过计算我们可以得到当 $\beta < -1 + 2c$

和 $\gamma < 1 - \dfrac{(\alpha_0 - \beta)(\alpha - \beta)[(\alpha_0 - \beta)(1 - 2c + \alpha)^2 - (\alpha - \beta)(1 - 2c + \alpha_0)^2]}{\alpha (\alpha_0 - \beta)^2 (1 - 2c + \alpha)^2 - \alpha_0 (\alpha - \beta)^2 (1 - 2c + \alpha_0)^2}$ 时成立，条件

$\beta < -1 + 2c$ 和 $\gamma < 1 - \dfrac{(\alpha_0 - \beta)(\alpha - \beta)[(\alpha_0 - \beta)(1 - 2c + \alpha)^2 - (\alpha - \beta)(1 - 2c + \alpha_0)^2]}{\alpha (\alpha_0 - \beta)^2 (1 - 2c + \alpha)^2 - \alpha_0 (\alpha - \beta)^2 (1 - 2c + \alpha_0)^2}$ 等

价于条件 $\tilde{\beta}_{C1} \le \beta < \tilde{\beta}_{C2}$ 和 $\gamma \le \dfrac{\alpha_0}{\alpha}$，其中 $\tilde{\beta}_{C1}$ 和 $\tilde{\beta}_{C2}$ ($\tilde{\beta}_{C1} < \tilde{\beta}_{C2}$) 是方程

$$\frac{(1 - 2c + \alpha_0)^2}{16(\alpha_0 - \beta)} + \frac{\alpha (1 - 2c + \alpha)^2 (1 - \gamma)}{16 (\alpha - \beta)^2} = \frac{(1 - 2c + \alpha)^2}{16(\alpha - \beta)} + \frac{\alpha_0 (1 - 2c + \alpha)^2 (1 - \gamma)}{16 (\alpha_0 - \beta)^2}$$

所决定的两个实数根。

最后，在 Region J，要使得 $\Delta \pi > 0$，我们立刻可以得到当 $\beta \ge \alpha\gamma$ 时成立。因此，在 Region J，当 $\beta \ge \alpha\gamma$ 时，在线评论与免费版存在互补关系。**证毕**。

定理 3 - 3 揭示了在区域 $Region_{FF}$ 中在线评论与企业免费版提供策略之间有趣的交互作用，如图 3 - 10（a）所示。在区域 $Region_{FF}$，当网络效应强度 β 相对较小或较大时，在线评论和免费版是互补关系，当网络效应强度 β 中等时，在线评论和免费版是替代关系。更重要的是，当给定 β，互补效应随着负面偏好消费者数量 c 的增加先减少后增加。这是因为，一开始随着 c 的增加，NN 情形下需求的变化比 FN 情形下更加显著，随着 c 进一步的增加，负面消费者数量起到越来越重要的作用。由于在线评论离散效应的存在，在线评论存在的情况下提供免费版引起的需求削减效应的变化总是先于在线评论不存在的情况下引起的需求削减效应的变化，因此，在线评论与免费版的互补效应随着 c 的增加呈现 U 形（如图 3 - 10（b）所示）。

定理 3 - 3 揭示的结果为实证研究中关于在线评论与免费版是互补关系还是替代关系出现的矛盾结论提供了一个可能的理论解释（Liu et al.，2014；Chen et al.，2017）。根据定理 3 - 3 的结果，产品的负面偏好消费者数量在在线评论和免费版交互作用中也起到了重要的作用。我们推断，可能是因为产品样本中负面偏好消费者数量水平不同导致了矛盾的实证结论。另外，当学者们在研究和验证在线评论与企业免费版策略的交互作用时，定理 3 - 3 也为学者们提供了另外一个可以纳入考虑的角度。

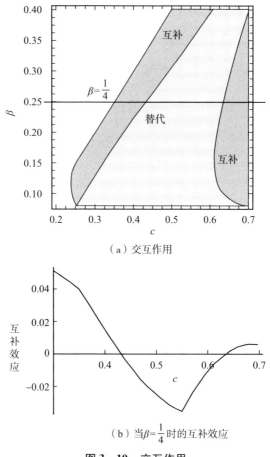

（a）交互作用

（b）当 $\beta = \dfrac{1}{4}$ 时的互补效应

图 3 - 10　交互作用

3.4　模 型 拓 展

　　在本节中，我们将垄断企业情形下的模型拓展到竞争企业的情形中去，并证明从垄断企业情形下得出的结论在竞争企业情形下也适用。

3.4.1　模型假设

我们考虑两个企业，企业 1 和企业 2，他们销售可替代的产品，产品 A 和产品 B，质量分别为 q_1 和 q_2。不失一般性，我们假设企业 1 的产品质量高于企业 2 的产品质量。我们将企业 1 称为优质企业，将企业 2 称为劣质企业。我们还假设优质企业和劣质企业的总需求（包括免费版的需求）会影响消费者对两个产品的感知偏好，这种效应也被称为跨产品网络效应。我们认为这是有道理的，因为产品 A 和产品 B 是可替代的，一个产品的销量从某种程度上可以促进另一个产品的销量。例如，当消费者知道其中一个移动应用很受欢迎，消费者就会在移动商店搜索这个移动应用，根据移动商店的搜索算法，可替代的两个产品很可能同时被消费者检索到，因此，消费者有机会同时看到这两个移动应用。

为了方便起见，我们只考虑其中一个企业有选择是否提供免费版的情况。更进一步，我们假定优质企业有选择是否提供免费版。如果优质企业提供免费版，则其提供的免费版质量为 γq_1，其中 $\gamma q_1 < q_2$。约束条件 $\gamma q_1 < q_2$ 是保证优质企业在提供免费版时也不会将劣质企业赶出市场。如果优质企业在提供免费版时将劣质企业赶出市场，那么这种情况将会与垄断企业情况一致。另外，在我们的假设下，劣质企业有选择是否提供免费版对两个竞争企业的需求和价格的影响与优质企业有选择是否提供免费版（其中免费版的质量比劣质企业产品的质量低）的影响类似，唯一的不同是谁有权利做出提供免费版的决策，但是这并不改变网络效应、需求削减效应和离散效应在其中的作用，就像我们在垄断企业中讨论过的一样。因此，我们只考虑优质企业有选择是否提供免费版，并提供的免费版的质量比劣质企业产品的质量低。另外，我们假设两个企业在均衡情况下都保留在市场中。不论在线评论是否存在的情况下，如果优质企业不提供免费版，我们假设市场足够大，两个企业都不能覆盖整个市场。其他假设都与垄断企业情形保持一致。

3.4.2　均衡分析

与垄断企业情形一致，我们也分析四种情形下的均衡解：在线评论不存在的情况下优质企业不提供免费版（（NN）$_C$情形），在评论存在的情况下优质企业不提供免费版（（NR）$_C$情形），在线评论不存在的情况下优质企业不提供免费版（（FN）$_C$情形），和在线评论存在的情况下优质企业提供免费版（（FR）$_C$情形）。

3.4.2.1　（NN）$_C$情形

在（NN）$_C$情形下，优质企业不提供免费版。因此，令θ_{H1}为从优质企业购买产品和从劣质企业购买产品无差异的边际消费者，θ_{H2}为从劣质企业购买产品获得的期望效用为零的边际消费者，如公式（3-6）所示：

$$\begin{cases}\theta_{H1}q_1 - p_1 = \theta_{H1}q_2 - p_2 \\ \theta_{H2}q_2 - p_2 = 0\end{cases} \tag{3-6}$$

因此，我们可以得到$\theta_{H1} = \dfrac{p_1 - p_2}{q_1 - q_2}$和$\theta_{H2} = \dfrac{p_2}{q_2}$。区间$\left[\theta_{H2}, \theta_{H1}\right]$对应为从劣质企业购买产品的消费者，区间$\left[\theta_{H1}, \beta Q - c + \dfrac{1+\alpha_0}{2}\right]$对应为从优质企业购买产品的消费者，如图3-11所示。

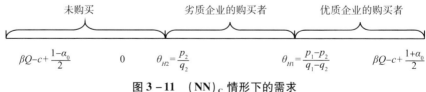

图3-11　（NN）$_C$情形下的需求

我们假设不论在线评论是否存在的情况下，如果优质企业不提供免费版，市场足够大，两个企业都不能覆盖整个市场。因此，仅需要考虑一种情况，即 $\beta Q - c + \dfrac{1 + \alpha_0}{2} < \dfrac{p_2}{q_2}$。此时，劣质企业的需求为 $D_{NNI} = \left(\dfrac{p_1 - p_2}{q_1 - q_2} - \dfrac{p_2}{q_2} \right) \Big/ \alpha_0$，

优质企业的需求为 $D_{NNS} = \left(\beta Q - c + \dfrac{1 + \alpha_0}{2} - \dfrac{p_1 - p_2}{q_1 - q_2} \right) \Big/ \alpha_0$。根据理性期望均衡，令 $D_{NNI} + D_{NNS} = Q$，从而我们可以得到理性期望均衡下的劣质企业的需求（D_{NNI}）和优质企业的需求（D_{NNS}）。两个企业都选择合适的价格使得自己利润最大化，如公式（3-7）所示：

$$\max_{p_1} \pi_{NNS} = p_1 \times D_{NNS}$$

$$\max_{p_2} \pi_{NNI} = p_2 \times D_{NNI}$$

$$\text{s. t.} \begin{cases} D_{NNS} > 0, \ D_{NNI} > 0 \\ p_1 > 0, \ p_2 > 0 \end{cases} \tag{3-7}$$

根据一阶条件可以求得上述最优化问题，根据最优化结果，我们得出以下均衡结果：

引理 3-3：$(NN)_C$ 情形下，优质企业的最优价格（P_{NNS}^*）和劣质企业的最优价格（P_{NNI}^*），优质企业最优需求（D_{NNS}^*）和劣质企业的最优需求（D_{NNI}^*），最优企业的最优利润（π_{NNS}^*）和劣质企业的最优利润（π_{NNI}^*），如表 3-11 所示，其中约束条件 $\beta \leqslant \beta_7$ 是为了保证如果优质企业没有提供免费版，市场足够大，两个企业都不能覆盖整个市场。

表 3-11 $(NN)_C$ 情形下的均衡结果

范围	最优价格	最优需求	最优利润
当 $c < c_1$ 和 $\beta \leqslant \beta_7$	$\begin{cases} P_{NNS}^* = \dfrac{q_1(q_1 - q_2)(1 - 2c + \alpha_0)\alpha_0}{4\alpha_0 q_1 - \alpha_0 q_2 - 3\beta q_1} \\ P_{NNI}^* = \dfrac{q_2(q_1 - q_2)(1 - 2c + \alpha_0)\alpha_0}{2(4\alpha_0 q_1 - \alpha_0 q_2 - 3\beta q_1)} \end{cases}$	$\begin{cases} D_{NNS}^* = \dfrac{q_1(1 - 2c + \alpha_0)}{4\alpha_0 q_1 - \alpha_0 q_2 - 3\beta q_1} \\ D_{NNI}^* = \dfrac{q_1(1 - 2c + \alpha_0)}{2(4\alpha_0 q_1 - \alpha_0 q_2 - 3\beta q_1)} \end{cases}$	$\begin{cases} \pi_{NNS}^* = \dfrac{q_1^2(q_1 - q_2)(1 - 2c + \alpha_0)^2\alpha_0}{(4\alpha_0 q_1 - \alpha_0 q_2 - 3\beta q_1)^2} \\ \pi_{NNI}^* = \dfrac{q_2 q_1(q_1 - q_2)(1 - 2c + \alpha_0)^2\alpha_0}{4\,(4\alpha_0 q_1 - \alpha_0 q_2 - 3\beta q_1)^2} \end{cases}$

3.4.2.2 （NR）c 情形

在（NR）c 情形下，竞争企业的定价策略与（NN）c 情形下的定价策略类似，只需将 α_0 替换成 α 即可。因此，（NR）c 情形下，优质企业的最优价格（P_{NRS}^*）和劣质企业的最优价格（P_{NRI}^*），优质企业的最优需求（D_{NRS}^*）和劣质企业的最优需求（D_{NRI}^*），优质企业的最优利润（π_{NRS}^*）和劣质企业的最优利润（π_{NRI}^*），如表 3 – 12 所示。

表 3 – 12   （NR）c 情形下的均衡结果

范围	最优价格	最优需求	最优利润
当 $c < c_2$ 和 $\beta \leqslant \beta_8$	$\begin{cases} P_{NRS}^* = \dfrac{q_1(q_1-q_2)(1-2c+\alpha)\alpha}{4\alpha q_1 - \alpha q_2 - 3\beta q_1} \\ P_{NRI}^* = \dfrac{q_2(q_1-q_2)(1-2c+\alpha)\alpha}{2(4\alpha q_1 - \alpha q_2 - 3\beta q_1)} \end{cases}$	$\begin{cases} D_{NRS}^* = \dfrac{q_1(1-2c+\alpha)}{4\alpha q_1 - \alpha q_2 - 3\beta q_1} \\ D_{NRI}^* = \dfrac{q_1(1-2c+\alpha)}{2(4\alpha q_1 - \alpha q_2 - 3\beta q_1)} \end{cases}$	$\begin{cases} \pi_{NRS}^* = \dfrac{q_1^2(q_1-q_2)(1-2c+\alpha)^2\alpha}{(4\alpha q_1 - \alpha q_2 - 3\beta q_1)^2} \\ \pi_{NRI}^* = \dfrac{q_2 q_1(q_1-q_2)(1-2c+\alpha)^2\alpha}{4(4\alpha q_1 - \alpha q_2 - 3\beta q_1)^2} \end{cases}$

3.4.2.3 （FN）c 情形

在（FN）c 情形下，优质企业提供免费版。令 θ_{H1}' 为从优质企业购买付费版和从劣质企业购买产品无差异的边际消费者，θ_{H2}' 为使用优质企业提供的免费版和从劣质企业购买产品无差异的边际消费者，如公式（3 – 8）所示：

$$\begin{cases} \theta_{H1}' q_1 - p_1 = \theta_{H1}' q_2 - p_2 \\ \theta_{H2}' q_2 - p_2 = \theta_{H2}' \gamma q_1 \end{cases} \tag{3 – 8}$$

因此，我们可以得到 $\theta_{H1}' = \dfrac{p_1 - p_2}{q_1 - q_2}$，$\theta_{H2}' = \dfrac{p_2}{q_2 - \gamma q_1}$。区间 $[0, \theta_{H2}']$ 对应优质企业免费版用户，区间 $[\theta_{H2}', \theta_{H1}']$ 对应从劣质企业购买产品的消费者，$\left[\theta_{H1}', \beta Q - c + \dfrac{1+\alpha_0}{2}\right]$ 对应从优质企业购买付费版的消费者，如图 3 – 12 所示。

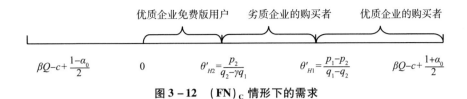

图 3 - 12 （FN）$_C$ 情形下的需求

我们假设不论在线评论是否存在的情况下，如果优质企业不提供免费版，市场足够大，两个企业都不能覆盖整个市场。因此，当优质企业提供免费版时，两个企业一起有可能覆盖整个市场，所以优质企业的免费版需求（D_{FNCS}）和付费版需求（D_{FNFS}）、劣质企业的需求（D_{FNI}）存在三种情况，如表 3 - 13 所示。

表 3 - 13　　　　　　　　　（FN）$_C$ 情形下的需求

范围	D_{FNFS}	D_{FNI}	D_{FNCS}
当 $\beta Q - c + \frac{1-\alpha_0}{2} < 0$	$\left(\frac{p_2}{q_2-\gamma q_1}\right)\Big/\alpha_0$	$\left(\frac{p_1-p_2}{q_1-q_2}-\frac{p_2}{q_2-\gamma q_1}\right)\Big/\alpha_0$	$\left(\beta Q-c+\frac{1+\alpha_0}{2}-\frac{p_1-p_2}{q_1-q_2}\right)\Big/\alpha_0$
当 $0 \leq \beta Q - c + \frac{1-\alpha_0}{2} < \frac{p_2}{q_2-\gamma q_1}$	$\left[\frac{p_2}{q_2-\gamma q_1}-\left(\beta-c+\frac{1-\alpha_0}{2}\right)\right]\Big/\alpha_0$	$\left(\frac{p_1-p_2}{q_1-q_2}-\frac{p_2}{q_2-\gamma q_1}\right)\Big/\alpha_0$	$\left(\beta-c+\frac{1+\alpha_0}{2}-\frac{p_1-p_2}{q_1-q_2}\right)\Big/\alpha_0$
当 $\frac{p_2}{q_2-\gamma q_1} \leq \beta Q - c + \frac{1-\alpha_0}{2} < \frac{p_1-p_2}{q_1-q_2}$	0	$\left[\frac{p_1-p_2}{q_1-q_2}-\left(\beta-c+\frac{1-\alpha_0}{2}\right)\right]\Big/\alpha_0$	$\left(\beta-c+\frac{1+\alpha_0}{2}-\frac{p_1-p_2}{q_1-q_2}\right)\Big/\alpha_0$

根据理性期望均衡，$D_{FNFS} + D_{FNI} + D_{FNCS} = Q$，从而我们可以得到理性期望均衡下的优质企业免费版需求和付费版需求及劣质企业的需求。两个企业都选择合适的价格使得自己利润最大化，如公式（3-9）所示：

$$\max_{p_1} \pi_{FNS} = p_1 \times D_{FNCS}$$

$$\max_{p_2} \pi_{FNI} = p_2 \times D_{FNI}$$

$$(3-9)$$

$$\text{s. t.} \begin{cases} D_{FNCS} > 0, \ D_{FNI} > 0 \\ p_1 > 0, \ p_2 > 0 \end{cases}$$

根据一阶条件可以求得上述最优化问题，根据最优化结果，我们得出以下均衡结果：

引理3-4：在（FN）$_C$情形下，优质企业的最优价格（P_{FNS}^*）和劣质企业的最优价格（P_{FNI}^*），优质企业的最优免费版需求（D_{FNFS}^*）和最优付费版需求（D_{FNCS}^*），劣质企业的最优需求（D_{FNI}^*），优质企业的最优利润（π_{FNS}^*）和劣质企业的最优利润（π_{FNI}^*），如表3-14所示。

3.4.2.4 （FR）$_C$情形

在（FR）$_C$情形下，竞争企业的定价策略与（FN）$_C$情形下的定价策略类似，只需将α_0替换成α即可。因此，在（FR）$_C$情形下，优质企业的最优价格（P_{FRS}^*）和劣质企业的最优价格（P_{FRI}^*），优质企业的最优免费版需求（D_{FRFS}^*）和最优付费版需求（D_{FRCS}^*），劣质企业的最优需求（D_{FRI}^*），优质企业的最优利润（π_{FRS}^*）和劣质企业的最优利润（π_{FRI}^*），如表3-15所示。

3.4.3 结果讨论

根据我们的假设，不论在线评论是否存在的情况下，如果优质企业不提供免费版，市场足够大，两个企业都不能覆盖整个市场。因此，以下讨论都在4种情形的公共可行域（即区域U_C）中进行。

首先，我们讨论在线评论不存在的情况下优质企业的免费版提供策略。定理3-4总结了在线评论不存在的情况下优质企业的免费版提供策略，图3-13更直观地展示了定理3-4的结果。

表 3 - 14　(FN)$_C$ 情形下的均衡结果

范围	最优价格	最优需求	最优利润
当 $c < c_1$ 和 $\beta < \beta_2$	$P^*_{FNS} = \dfrac{\alpha_0 q_2(q_1-q_2)(1-2c+\alpha_0)(1-\gamma)}{(\alpha_0-\beta)^2[(4-3\gamma)q_1-q_2]}$ $P^*_{FNI} = \dfrac{\alpha_0(1-2c+\alpha_0)(1-\gamma)(q_2-\gamma q_1)}{2(\alpha_0-\beta)[(4-3\gamma)q_1-q_2]}$	$D^*_{FNCS} = \dfrac{q_1(1-2c+\alpha_0)(1-\gamma)}{(\alpha_0-\beta)[(4-3\gamma)q_1-q_2]}$ $D^*_{FNI} = \dfrac{q_1(1-2c+\alpha_0)(1-\gamma)}{2(\alpha_0-\beta)[(4-3\gamma)q_1-q_2]}$ $D^*_{FNFS} = \dfrac{(q_1-q_2)(1-2c+\alpha_0)}{2(\alpha_0-\beta)[(4-3\gamma)q_1-q_2]}$	$\pi^*_{FNS} = \dfrac{\alpha_0(q_1-q_2)q_1^2(1-2c+\alpha_0)^2(1-\gamma)^2}{(\alpha_0-\beta)^2[(4-3\gamma)q_1-q_2]^2}$ $\pi^*_{FNI} = \dfrac{(1-\gamma)\alpha_0 q_1(q_1-q_2)(q_2-q_1\gamma)(1-2c+\alpha_0)^2}{4(\alpha_0-\beta)^2[(4-3\gamma)q_1-q_2]^2}$
当 $\beta_2 \le \beta < \beta_9$	$P^*_{FNS} = \dfrac{q_1(q_1-q_2)(1-2c+\alpha_0+2\beta)(1-\gamma)}{(4-3\gamma)q_1-q_2}$ $P^*_{FNI} = \dfrac{(q_1-q_2)(1-2c+\alpha_0+2\beta)(q_2-\gamma q_1)}{2[(4-3\gamma)q_1-q_2]}$	$D^*_{FNCS} = \dfrac{q_1(1-2c+\alpha_0+2\beta)(1-\gamma)}{\alpha_0[(4-3\gamma)q_1-q_2]}$ $D^*_{FNI} = \dfrac{q_1(1-2c+\alpha_0+2\beta)(1-\gamma)}{2\alpha_0[(4-3\gamma)q_1-q_2]}$ $D^*_{FNFS} = \dfrac{-2q_2\alpha_0+q_1[-3+5\alpha_0-\alpha_0-2\beta]+6c(1-\gamma)+3\gamma(1-2c+\alpha_0+2\beta)}{2\alpha_0[(4-3\gamma)q_1-q_2]}$	$\pi^*_{FNS} = \dfrac{q_1^2(q_1-q_2)(1-2c+\alpha_0+2\beta)^2(1-\gamma)^2}{\alpha_0[(4-3\gamma)q_1-q_2]^2}$ $\pi^*_{FNI} = \dfrac{(1-\gamma)q_1(q_1-q_2)(1-2c+\alpha_0+2\beta)^2(q_2-q_1\gamma)}{4\alpha_0[(4-3\gamma)q_1-q_2]^2}$
当 $\beta_9 \le \beta < \beta_{10}$	$P^*_{FNS} = \dfrac{-2q_2\alpha_0+q_1(1-2c+\alpha_0+2\beta)+q_1\gamma(-1+2c+\alpha_0-2\beta)}{4}$ $P^*_{FNI} = \dfrac{(q_2-\gamma q_1)(1-2c-\alpha_0+2\beta)}{2}$	$D^*_{FNCS} = \dfrac{-2q_2\alpha_0+q_1(1-2c-\alpha_0+2\beta)-q_1\gamma(1-2c-\alpha_0+2\beta)}{4\alpha_0(q_1-q_2)}$ $D^*_{FNI} = \dfrac{-2q_2\alpha_0+q_1(-1+2c+3\alpha_0-2\beta)+q_1\gamma(1-2c-\alpha_0+2\beta)}{4\alpha_0(q_1-q_2)}$ $D^*_{FNFS} = 0$	$\pi^*_{FNS} = \dfrac{[-2q_2\alpha_0+q_1(1-2c-\alpha_0+2\beta)-q_1\gamma(1-2c-\alpha_0+2\beta)]^2}{16\alpha_0(q_1-q_2)}$ $\pi^*_{FNI} = \dfrac{[(q_2-\gamma q_1)(1-2c-\alpha_0+2\beta)][-2q_2\alpha_0+q_1(-1+2c+3\alpha_0-2\beta)+q_1\gamma(1-2c-\alpha_0+2\beta)]}{8\alpha_0(q_1-q_2)}$

表3-15　(FR)$_C$ 情形下的均衡结果

范围	最优价格	最优需求	最优利润
当 $c < c_2$ 和 $\beta < \beta_4$	$\begin{cases} P^*_{FRS} = \dfrac{\alpha q_1 (q_1 - q_2)(1 - 2c + \alpha)(1 - \gamma)}{(\alpha - \beta)^2 [(4 - 3\gamma)q_1 - q_2]} \\[2mm] P^*_{FRI} = \dfrac{\alpha (q_1 - q_2)(1 - 2c + \alpha)(q_2 - \gamma q_1)}{2(\alpha - \beta)^2 [(4 - 3\gamma)q_1 - q_2]} \end{cases}$	$\begin{cases} D^*_{FRCS} = \dfrac{q_1 (1 - 2c + \alpha)(1 - \gamma)}{(\alpha - \beta)[(4 - 3\gamma)q_1 - q_2]} \\[2mm] D^*_{FRI} = \dfrac{q_1 (1 - 2c + \alpha)(1 - \gamma)}{2(\alpha - \beta)[(4 - 3\gamma)q_1 - q_2]} \\[2mm] D^*_{FRFS} = \dfrac{(q_1 - q_2)(1 - 2c + \alpha)}{2(\alpha - \beta)^2 [(4 - 3\gamma)q_1 - q_2]} \end{cases}$	$\begin{cases} \pi^*_{FRS} = \dfrac{\alpha(q_1 - q_2)q_1^2 (1 - 2c + \alpha)^2 (1 - \gamma)^2}{(\alpha - \beta)^2 [(4 - 3\gamma)q_1 - q_2]^2} \\[2mm] \pi^*_{FRI} = \dfrac{(1 - \gamma)\alpha q_1 (q_1 - q_2)(q_2 - q_1\gamma)(1 - 2c + \alpha)^2}{4(\alpha - \beta)^2 [(4 - 3\gamma)q_1 - q_2]^2} \end{cases}$
当 $\beta_4 \leq \beta < \beta_{11}$	$\begin{cases} P^*_{FRS} = \dfrac{q_1 (q_1 - q_2)(1 - 2c + \alpha + 2\beta)(1 - \gamma)}{(4 - 3\gamma)q_1 - q_2} \\[2mm] P^*_{FRI} = \dfrac{(q_1 - q_2)(1 - 2c + \alpha + 2\beta)(q_2 - \gamma q_1)}{2[(4 - 3\gamma)q_1 - q_2]} \end{cases}$	$\begin{cases} D^*_{FRCS} = \dfrac{q_1 (1 - 2c + \alpha + 2\beta)(1 - \gamma)}{\alpha[(4 - 3\gamma)q_1 - q_2]} \\[2mm] D^*_{FRI} = \dfrac{q_1 (1 - 2c + \alpha + 2\beta)(1 - \gamma)}{2\alpha[(4 - 3\gamma)q_1 - q_2]} \\[2mm] D^*_{FRFS} = \dfrac{-2q_2\alpha + q_1[-3 + 5c - 6\beta + 6c(1 - \gamma) + 3\gamma(1 - \alpha + 2\beta)]}{2\alpha[(4 - 3\gamma)q_1 - q_2]} \end{cases}$	$\begin{cases} \pi^*_{FRS} = \dfrac{q_1^2 (1 - 2c + \alpha + 2\beta)^2 (1 - \gamma)^2}{\alpha[(4 - 3\gamma)q_1 - q_2]^2} \\[2mm] \pi^*_{FRI} = \dfrac{(1 - \gamma)q_1 (1 - 2c + \alpha + 2\beta)^2 (q_2 - q_1\gamma)}{4\alpha[(4 - 3\gamma)q_1 - q_2]^2} \end{cases}$
当 $\beta_{11} \leq \beta < \beta_{12}$	$\begin{cases} P^*_{FRS} = \dfrac{-2q_2\alpha + q_1(1 - 2c + \alpha + 2\beta) + q_1\gamma(-1 + 2c + \alpha - 2\beta)}{4} \\[2mm] P^*_{FRI} = \dfrac{(q_2 - \gamma q_1)(1 - 2c - \alpha + 2\beta)}{2} \end{cases}$	$\begin{cases} D^*_{FRCS} = \dfrac{-2q_2\alpha + q_1(1 - 2c + \alpha + 2\beta) - q_1\gamma(1 - 2c - \alpha + 2\beta)}{4\alpha(q_1 - q_2)} \\[2mm] D^*_{FRI} = \dfrac{-2q_2\alpha + q_1(-1 + 2c + 3\alpha - 2\beta) + q_1\gamma(1 - 2c - \alpha + 2\beta)}{4\alpha(q_1 - q_2)} \\[2mm] D^*_{FRFS} = 0 \end{cases}$	$\begin{cases} \pi^*_{FRS} = \dfrac{[-2q_2\alpha + q_1(1 - 2c + \alpha + 2\beta) - q_1\gamma(1 - 2c - \alpha + 2\beta)]^2}{16\alpha(q_1 - q_2)} \\[2mm] \pi^*_{FRI} = \dfrac{[(q_2 - \gamma q_1)(1 - 2c - \alpha + 2\beta)][-2q_2\alpha + q_1(-1 + 2c + 3\alpha - 2\beta) + q_1\gamma(1 - 2c - \alpha + 2\beta)]}{8\alpha(q_1 - q_2)} \end{cases}$

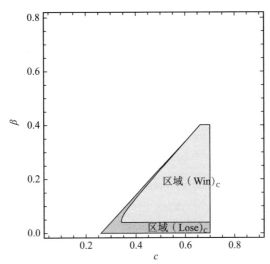

图 3 - 13　在线评论不存在的情况下优质企业的免费版提供策略

定理 3 - 4：在线评论不存在的情况下，（a）在区域（Win）$_C$，优质企业提供免费版产生的利润高于不提供免费版；（b）在区域（Lose）$_C$，优质企业提供免费版产生的利润弱低于不提供免费版。

证明：我们假设，不论在线评论是否存在的情况下，如果优质企业不提供免费版，市场足够大，两个企业都不能覆盖整个市场。因此我们只需要在（NN）$_C$ 情形和（FN）$_C$ 情形的 c 和 β 的公共可行域进行讨论，我们将其定义为区域 U_C。在区域 U_C 中，根据比较区域的不同，我们有两种情况：

第一种情况是当 $0 < c < c_1$ 和 $0 < \beta < \min\{\alpha_0, \beta_2\}$ 时，求解 $\pi_{FNS}^* - \pi_{NNS}^* = \dfrac{\alpha_0(q_1 - q_2)q_1^2(1 - 2c + \alpha_0)^2(1 - \gamma)^2}{(\alpha_0 - \beta)^2[(4 - 3\gamma)q_1 - q_2]^2} - \dfrac{q_1^2(q_1 - q_2)(1 - 2c + \alpha_0)^2\alpha_0}{(4\alpha_0 q_1 - \alpha_0 q_2 - 3\beta q_1)^2} > 0$，通过计算我们可以得到当 $0 < c < c_1$ 和 $\hat{\beta}_3 < \beta < \min\{\alpha_0, \beta_2\}$ 时成立。

第二种情况是当 $\beta_2 \le \beta < \min\{\alpha_0, \beta_7\}$ 时，求解 $\pi_{FNS}^* - \pi_{NNS}^* = \dfrac{q_1^2(q_1 - q_2)(1 - 2c + \alpha_0 + 2\beta)^2(1 - \gamma)^2}{\alpha_0[(4 - 3\gamma)q_1 - q_2]^2} - \dfrac{q_1^2(q_1 - q_2)(1 - 2c + \alpha_0)^2\alpha_0}{(4\alpha_0 q_1 - \alpha_0 q_2 - 3\beta q_1)^2} > 0$，通过计算我们可以得到当 $\beta_2 \le \beta < \min\{\beta_7, \alpha_0, \hat{\beta}_4\}$ 时成立。

因此，当 $0 < c < c_1$ 和 $\hat{\beta}_3 \le \beta < \min\{\beta_7, \alpha_0, \hat{\beta}_4\}$ 时，优质企业提供免费

版产生的利润高于不提供免费版，将这个区域定义为区域（Win)$_C$；在（区域 U$_C$）-（区域（Win)$_C$）中，优质企业提供免费版产生的利润弱低于不提供免费版，将这个区域定义为区域（Lose)$_C$。**证毕**。

定理 3-4 揭示了当负面偏好的消费者数量足够大和网络效应强度足够大时（如图 3-13 所示），优质企业提供免费版是有利可图的，这个结论与垄断情况下得到的结论一致。这是因为，在假设"不论在线评论是否存在的情况下，如果优质企业不提供免费版，市场足够大，两个企业都不能覆盖整个市场"下，两个企业的竞争效应不足以主导需求削减效应和网络效应的影响。因此，优质企业是否应该提供免费版在很大程度上取决于网络效应和需求削减效应的相对强度，足够大的负面偏好的消费者数量可以保证需求削减效应足够小，足够大的网络效应强度可以保证网络效应主导需求削减效应。

其次，我们讨论在线评论不存在的情况下优质企业免费版的提供对劣质企业利润的影响。我们在前面提到过，两个企业之间的竞争不足以主导需求削减效应和网络效应的影响。因此，劣质企业是否能从优质企业免费版的提供中获利取决于网络效应和需求削减效应的相对强度。与优质企业的付费版需求相比，需求削减效应减少了更多劣质企业的需求。因此，对于劣质企业来说，要从优质企业提供免费版中获利，网络效应强度需要比优质企业从提供免费版中获利时更强。因此，应该存在一个区域使得优质企业和劣质企业同时盈利的，推论 3-2 总结了这个结论。

推论 3-2：当优质企业提供免费版时，存在一个区域，使得优质企业和劣质企业同时盈利。

证明：我们仅需要在区域 U$_C$ 内比较（NN)$_C$ 情形和（FN)$_C$ 情形下的劣质企业利润。同样地，我们需要讨论两种情况：

第一种情况是当 $0 < c < c_1$ 和 $0 < \beta < \min\{\alpha_0, \beta_2\}$ 时，求解 $\pi^*_{FNI} - \pi^*_{NNI} =$

$$\frac{(1-\gamma)\alpha_0 q_1(q_1-q_2)(q_2-q_1\gamma)(1-2c+\alpha_0)^2}{4(\alpha_0-\beta)^2[(4-3\gamma)q_1-q_2]^2} - \frac{q_2 q_1(q_1-q_2)(1-2c+\alpha_0)^2\alpha_0}{4(4\alpha_0 q_1-\alpha_0 q_2-3\beta q_1)^2} > 0,$$

通过计算我们可以得到当 $0 < c < c_1$ 和 $\dfrac{\sqrt{q_2\alpha_0^2(-1+\gamma)(-q_2+q_1\gamma)[q_2+q_1(-4+3\gamma)]^2} + \alpha_0[q_2^2+12q_1^2(-1+\gamma)\gamma+q_1q_2(-4+3\gamma)]}{q_2^2+9q_1^2(-1+\gamma)\gamma+q_1q_2(-7+6\gamma)} <$

$\beta < \min\{\alpha_0,\ \beta_2\}$ 时成立。

第二种情况是当 $\beta_2 \leqslant \beta < \min\{\alpha_0,\ \beta_7\}$ 时，求解 $\pi^*_{FNI} - \pi^*_{NNI} =$

$$\frac{(1-\gamma)q_1(q_1-q_2)(1-2c+\alpha_0+2\beta)^2(q_2-q_1\gamma)}{4\alpha_0\left[(4-3\gamma)q_1-q_2\right]^2} - \frac{q_2q_1(q_1-q_2)(1-2c+\alpha_0)^2\alpha_0}{4\left(4\alpha_0q_1-\alpha_0q_2-3\beta q_1\right)^2} > 0,$$

通过计算我们可以得到当 $\beta_2 \leqslant \beta < \min\{\beta_7,\ \alpha_0,\ \bar{\bar{\beta}}_I\}$ 时成立，其中 $\bar{\bar{\beta}}_I$ 为方程

$$\frac{(1-\gamma)q_1(q_1-q_2)(1-2c+\alpha_0+2\beta)^2(q_2-q_1\gamma)}{4\alpha_0\left[(4-3\gamma)q_1-q_2\right]^2} = \frac{q_2q_1(q_1-q_2)(1-2c+\alpha_0)^2\alpha_0}{4\left(4\alpha_0q_1-\alpha_0q_2-3\beta q_1\right)^2}$$

在 $\beta_2 \leqslant \beta < \min\{\alpha_0,\ \beta_7\}$ 范围内的根。

因此，当 $0 < c < c_1$ 和 $\dfrac{\sqrt{q_2\alpha_0^2(-1+\gamma)(-q_2+q_1\gamma)\left[q_2+q_1(-4+3\gamma)\right]^2} + \alpha_0\left[q_2^2+12q_1^2(-1+\gamma)\gamma+q_1q_2(-4+3\gamma)\right]}{q_2^2+9q_1^2(-1+\gamma)\gamma+q_1q_2(-7+6\gamma)} <$

$\beta < \min\{\beta_7,\ \alpha_0,\ \bar{\bar{\beta}}_I\}$ 时，优质企业提供免费版的情况下劣质企业的利润高于优质企业不提供免费版的情况。值得注意的是，区域 $0 < c < c_1$ 和

$$\frac{\sqrt{q_2\alpha_0^2(-1+\gamma)(-q_2+q_1\gamma)\left[q_2+q_1(-4+3\gamma)\right]^2} + \alpha_0\left[q_2^2+12q_1^2(-1+\gamma)\gamma+q_1q_2(-4+3\gamma)\right]}{q_2^2+9q_1^2(-1+\gamma)\gamma+q_1q_2(-7+6\gamma)} < \beta < \min\{\beta_7,\ \alpha_0,\ \bar{\bar{\beta}}_I\}$$ 包

含在区域 $(\text{Win})_C$ 中，因此，存在一个区域使得在优质企业提供免费版的情况下优质企业和劣质企业都盈利。**证毕**。

下面我们讨论在线评论对优质企业免费版提供策略的影响。在图 3 – 14（a）和（b）中，我们保持其他参数不变，将 α 的值从 0.4 变到 0.8。在区域 $(\text{Win})_C$，如图 3 – 14（a）所示，在线评论不存在的情况下，优质企业提供免费版能增加优质企业的利润；在区域 $(\text{Win-R})_C$，如图 3 – 14（b）所示，在线评论存在的情况下，优质企业提供免费版能增加优质企业的利润。与区域 $(\text{Win})_C$ 比较，区域 $(\text{Win-R})_C$ 的 β 的下限值、β 的上限值和 c 的上限值都更大，这跟垄断企业情形一致。同样地，这也是由于在线评论的离散效应所导致的。关于在线评论的存在如何影响优质企业的免费版提供策略，我们将图 3 – 14（a）和（b）在公共可行域 U_C 中进行重合得到图 3 – 14（c），从而得到了 S_{NN} 策略、S_{NF} 策略、S_{FN} 策略和 S_{FF} 策略。定理 3 – 5 总结了这一结果。

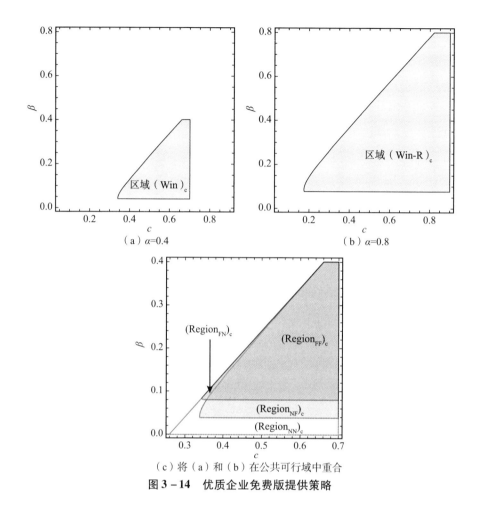

（a）$\alpha=0.4$　　　　　　　　　　（b）$\alpha=0.8$

（c）将（a）和（b）在公共可行域中重合

图 3－14　优质企业免费版提供策略

定理 3－5：在竞争企业情形下，当优质企业可以选择是否提供免费版：
（a）在区域（Region$_{NN}$）$_C$，在线评论的存在使得优质企业采纳 S_{NN} 策略；（b）在
区域（Region$_{NF}$）$_C$，在线评论的存在使得优质企业采纳 S_{NF} 策略；（c）在区
域（Region$_{FN}$）$_C$，在线评论的存在使得优质企业采纳 S_{FN} 策略；（d）在区域
（Region$_{FF}$）$_C$，在线评论的存在使得企业采纳 S_{FF} 策略；然而，当 $\dfrac{1}{\gamma}<\dfrac{\alpha}{\alpha_0}$ 时，
S_{FF} 策略不存在。

关于在线评论与免费版的交互作用，我们也主要关注区域（Region$_{FF}$）$_C$，

如图 3 - 14（c）所示。我们也同样发现，在线评论与优质企业的免费版提供策略的交互作用与垄断企业情形下一致，如图 3 - 15 所示。在区域（Region_{FF}）$_C$，当网络效应强度 β 较高或较低时，对优质企业来说，在线评论和免费版是互补关系；当网络效应强度 β 中等时，对优质企业来说，在线评论和免费版是替代关系，如图 3 - 15（a）所示。更重要的是，对于给定的一个网络效应强度 β，互补效应随着负面偏好的消费者数量 c 的增加呈现 U 形，如图 3 - 15（b）所示。定理 3 - 6 总结了对优质企业来说在线评论与免费版的交互作用的结果。

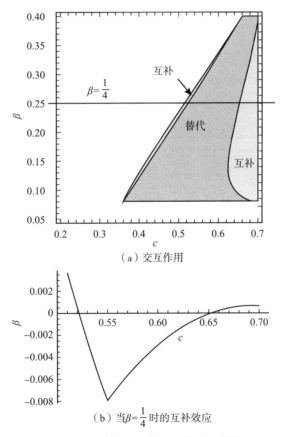

（a）交互作用

（b）当 $\beta = \frac{1}{4}$ 时的互补效应

图 3 - 15　竞争企业情形下的交互作用

定理 3-6：在竞争企业情形下，在区域（Region_{FF}）$_C$，如果 $\beta \geqslant (\hat{\beta})_C$ 或 $(\tilde{\beta}_{C1})_C \leqslant \beta < (\tilde{\beta}_{C2})_C$，对优质企业来说，在线评论和免费版是互补关系；在其他情况下，对优质企业来说，在线评论和免费版是替代关系。

证明：定义 $(\Delta \pi_R)_C = \pi_{NRS}^* - \pi_{NNS}^*$，$(\Delta \pi_F)_C = \pi_{FNS}^* - \pi_{NNS}^*$，和 $(\Delta \pi_{FR})_C = \pi_{FRS}^* - \pi_{NNS}^*$。因此，在线评论与免费版的交互作用可以定义为 $(\Delta \pi)_C = (\Delta \pi_{FR})_C - (\Delta \pi_R)_C - (\Delta \pi_F)_C = (\pi_{FRS}^* - \pi_{NRS}^*) - (\pi_{FNS}^* - \pi_{NNS}^*)$。当 $(\Delta \pi)_C > 0$ 时，在线评论与免费版存在着互补作用，当 $(\Delta \pi)_C < 0$ 时，在线评论与免费版存在着替代作用。根据在线评论信息性（即 $\frac{\alpha_0}{\alpha}$）的不同，我们需要讨论两种情况：

第一种情况是当 $\gamma < \frac{\alpha_0}{\alpha} < \frac{3q_1}{5q_1 - 2q_2}$ 时，在 $0 < c < c_1$ 和 $0 < \beta < \min\{\alpha_0, \beta_2\}$ 的情况下，求解 $(\Delta \pi)_C > 0$，通过计算我们可以得到 $(\tilde{\beta}_{C1})_C \leqslant \beta < (\tilde{\beta}_{C2})_C$；在 $\beta_2 \leqslant \beta < \min\{\alpha_0, \beta_7\}$ 的情况下，求解 $(\Delta \pi)_C > 0$，通过计算我们可以得到 $\beta \geqslant (\hat{\beta})_C$。

第二种情况是当 $\frac{3q_1}{5q_1 - 2q_2} \leqslant \frac{\alpha_0}{\alpha} < 1$ 时，在 $0 < c < c_1$ 和 $0 < \beta < \min\{\alpha_0, \beta_2\}$ 的情况下，求解 $(\Delta \pi)_C > 0$，通过计算我们可以得到 $(\tilde{\beta}_{C1})_C \leqslant \beta < (\tilde{\beta}_{C2})_C$；在 $\beta_2 \leqslant \beta < \min\{\alpha_0, \beta_4\}$ 的情况下，求解 $(\Delta \pi)_C > 0$，通过计算我们可以得到 $\beta \geqslant (\hat{\beta})_C$；在 $\beta_4 \leqslant \beta < \min\{\alpha_0, \beta_7\}$ 的情况下，通过计算我们可以得到 $(\Delta \pi)_C$ 总是大于零。

因此，结合以上两种情况，在区域（Region_{FF}）$_C$ 中，当 $\beta \geqslant (\hat{\beta})_C$ 或 $(\tilde{\beta}_{C1})_C \leqslant \beta < (\tilde{\beta}_{C2})_C$ 时，在线评论与免费版存在互补关系。**证毕**。

3.5　结　　论

本章主要从理论角度研究了在线评论与企业的免费版提供策略的交互作用。我们首先建立了垄断企业情形下的模型，然后将垄断企业情形下的模型拓展到竞争企业的情形中去，并证明从垄断企业情形下得出的结论在竞争企业情形下也适用。我们发现，除了已经被前人的研究中采纳的网络效应和需求削减效应以外（如 Cheng & Tang，2010；Cheng & Liu，2012），还有一个效应会对均衡产生影响，即在线评论的离散效应。在线评论的离散效应指的是随着信息性的增加，所有消费者的期望偏好服从一个更加分散的均匀分布。网络效应、需求削减效应和离散效应之间的相互作用得出了本章的主要结论，如表 3 – 16 所示。

表 3 – 16　　　　　　　　　　　　本章的主要结论

研究问题	垄断企业情形	竞争企业情形	总结
在线评论不存在的情况下，何时企业应该提供免费版？在线评论存在的情况下，何时企业应该提供免费版	在线评论不存在的情况下在区域 Win 内企业会提供免费版；在线评论存在的情况下在区域 Win-R 内企业会提供免费版	在线评论不存在的情况下在区域（Win）$_C$ 内优质企业会提供免费版；在线评论存在的情况下在区域（Win-R）$_C$ 内优质企业会提供免费版	无论在线评论是否存在，提供免费版对企业有利要求负面偏好的消费者数量足够大和网络效应强度足够大
在线评论的存在如何影响企业的免费版策略	在线评论存在性的影响下，根据不同情况，垄断企业可以采取策略 S_{NN}、策略 S_{FN}、策略 S_{NF} 和策略 S_{FF}	在线评论存在性的影响下，根据不同情况，优质企业可以采取策略 S_{NN}，策略 S_{FN}，策略 S_{NF} 和策略 S_{FF}	企业可以将免费版提供策略作为一个响应在线评论存在性的战略工具，具体采用哪种策略取决于网络效应、需求削减效应和离散效应的相对强度
如果无论在线评论是否存在，提供免费版都是企业的最优策略，那么在线评论和企业免费版策略是互补关系还是替代关系	当网络效应强度 β 相对较小或较大时，在线评论和免费版是互补关系；当网络效应强度 β 中等时，在线评论和免费版是替代关系。当给定 β，在线评论与免费版的互补效应随着 c 的增加呈现 U 形	当网络效应强度 β 相对较小或较大时，对优质企业来说，在线评论和免费版是互补关系；当网络效应强度 β 中等时，对优质企业来说，在线评论和免费版是替代关系。当给定 β，在线评论与免费版的互补效应随着 c 的增加呈现 U 形	在线评论和免费版的关系可以是互补关系也可以是替补关系，取决于网络效应强度和负面偏好的消费者数量

　　我们的研究对提供免费版的企业具有一定的实践意义。第一，如果企业只能控制是否提供免费版但不能控制在线评论的存在性，如移动市场上的移动应用开发者，企业可以将免费版提供策略作为响应在线评论存在性的一个战略工具。例如，电影"圣何塞谋杀案"，从初期的不提供免费版改为后期的提供免费版，来阻止由在线评论带来的损失；移动应用（Camera + 2），从

一代的提供免费版到二代的不提供免费版，来获取在线评论带来的收益。

第二，如果企业可以同时控制免费版提供策略和在线评论，例如，科学计算软件（MATLAB），它可以控制自己的论坛（MATLAB Central），企业可以将免费版提供策略和在线评论相结合作为战略营销工具来促成互补效应，增加企业利润。具体来说，在区域 $Region_{FF}$，当负面偏好的消费者数量中等时，与在线评论不存在的情况下提供免费版相比，在线评论存在的情况下提供免费版增加企业利润较少。此时，企业应该提供免费版但需要在论坛上控制在线评论。当负面偏好的消费者数量较少或较多时，与在线评论不存在的情况下提供免费版相比，在线评论存在的情况下提供免费版增加企业利润较多。此时，企业应该提供免费版并在论坛上推广在线评论。

第三，这个研究还提醒那些希望从互补效应中获利的企业，不要太追求高信息性的在线评论。在实践中，一些公司可能会给评论者提供奖励，鼓励他们在网上发布高信息性的在线评论（Mayzlin et al.，2014；Cao，2020）。然而，我们发现，如果在线评论的信息性太高，由于离散效应所引起的需求削减效应增加量太大，导致 S_{FF} 策略下的互补效应消失。因此，追求高信息性的在线评论不总是对企业有利。

本章的研究内容也存在着一些不足，也是未来的研究方向。第一，在本章中，我们只考虑了功能有限的免费版。程等（Cheng et al.，2015）指出有三种类型的免费版：功能有限的免费版，时间有限的免费版和混合模式的免费版（即结合功能有限的免费版和时间有限的免费版）。不同类型的免费版对消费者的影响不同，从而也会导致不同的在线评论和免费版的交互作用。第二，虽然有研究指出，即使在线评论过滤系统存在的情况下，有 15% ~ 30% 的在线评论被企业操控（Luca & Zervas，2016；Lappas et al.，2016），但本章的内容并未考虑到在线评论被企业操控的情况。这是因为企业的在线评论操控往往操控的是产品的质量维度而非匹配维度。如果企业对产品的匹配维度进行操控，势必会增加一部分消费者对产品的匹配度，但降低另一部分消费者对产品的匹配度（Cao，2020）。在我们的模型中，付费版的质量可以很容易从免费版的质量中进行推测，很难被企业进行操控。然而，在其他情况下，如搜索产品，质量是可以通过在线评论进行操控的，例如，曹（Cao，2020）构建的模型一样，此时，引入在线评论操控可能会得出有趣的结论。最后，本章的研究仅关注免费版的网络效应及市场能够达到的最终的理性期望均衡。然而，也有研究指出免费版可以促进消费者对付费版的学习过程（Jiang & Sarkar，2010；Dey et al.，2013；Niculescu & Wu，2014）。因此，由于使用免费版过程中存在着学习效应，消费者在早期阶段对在线评论的反应与后期阶段对在线评论的反应是不同的。在多阶段情景下在线评论与免费版的交互作用是今后值得探索的研究内容。

3.6 附　　录

本章符号定义、参数值定义和区域范围定义，如表 3 – 17 ~ 表 3 – 19 所示。

表 3 – 17　　　　　　　　　　　　　符号定义

应用情形	符号	定义
应用于垄断企业情形和竞争企业情形	γ	付费版与免费版之间的质量差异，γ 越大，两者差异越小
	K	市场中消费者总数
	θ	消费者的产品偏好
	N	产品的潜在消费者数量
	a	令 $K = aN(a > 1)$
	c	产品偏好为负的消费者数量
	β	网络效应强度
	Q	使用产品的消费者总数，包括使用免费版和付费版的消费者
	S_0	在线评论不存在的情况下，消费者观察到的信号
	α_0	在线评论不存在的情况下，信息源的信息性
	S	在线评论存在的情况下，消费者观察到的信号
	α	在线评论存在的情况下，信息源的信息性

应用情形	符号	定义
仅应用于垄断企业情形	q_H	产品或付费版（企业提供免费版时）的质量
	P	产品或付费版（企业提供免费版时）的价格
	θ_H	在 NN 情形下，购买产品获得的期望效用为零的边际消费者
	θ_H'	在 NF 情形下，试用免费版和购买付费版无差异的边际消费者
	$D_{NN}(D_{NN}^*)$, $D_{NR}(D_{NR}^*)$, $D_{FN}(D_{FN}^*)$, $D_{FR}(D_{FR}^*)$	分别为在 NN 情形、NR 情形、FN 情形和 FR 情形下的总需求（最优总需求）
	$D_{FNF}(D_{FNF}^*)$, $D_{FNC}(D_{FNC}^*)$, $D_{FRF}(D_{FRF}^*)$, $D_{FRC}(D_{FRC}^*)$	分别为在 FN 情形和 FR 情形下的免费版和付费版的需求（最优需求）
	$P_{NN}(P_{NN}^*)$, $P_{NR}(P_{NR}^*)$, $P_{FN}(P_{FN}^*)$, $P_{FR}(P_{FR}^*)$	分别为在 NN 情形、NR 情形、FN 情形和 FR 情形下的价格（最优价格）
	$\pi_{NN}(\pi_{NN}^*)$, $\pi_{NR}(\pi_{NR}^*)$, $\pi_{FN}(\pi_{FN}^*)$, $\pi_{FR}(\pi_{FR}^*)$	分别为在 NN 情形、NR 情形、FN 情形和 FR 情形下的利润（最优利润）
仅应用于竞争企业情形	q_1, q_2	分别为优质企业产品的质量或付费版的质量（优质企业提供免费版时）和劣质企业产品的质量
	P_1, P_2	分别为优质企业产品的价格或付费版的价格（优质企业提供免费版时）和劣质企业产品的价格
	θ_{H1}, θ_{H2}	分别为在 $(NN)_C$ 情形下从优质企业购买产品和从劣质企业购买产品无差异的边际消费者和在 $(NN)_C$ 情形下从劣质企业购买产品获得的期望效用为零的边际消费者
	θ_{H1}', θ_{H2}'	分别为在 $(FN)_C$ 情形下从优质企业购买付费版和从劣质企业购买产品无差异的边际消费者和在 $(FN)_C$ 情形下从劣质企业购买产品和试用优质企业的免费版无差异的边际消费者
	$D_{NNS}(D_{NNS}^*)$, $D_{NRS}(D_{NRS}^*)$	分别为 $(NN)_C$ 情形和 $(NR)_C$ 情形下优质企业的总需求（最优总需求）

续表

应用情形	符号	定义
仅应用于竞争企业情形	$D_{FNFS}(D^*_{FNFS})$，D_{FNCS} (D^*_{FNCS})，$D_{FRFS}(D^*_{FRFS})$，$D_{FRCS}(D^*_{FRCS})$	分别为（FN$)_C$ 情形和（FR$)_C$ 情形下优质企业免费版和付费版的需求（最优需求）
	$D_{NNI}(D^*_{NNI})$，D_{NRI} (D^*_{NRI})，$D_{FNI}(D^*_{FNI})$，$D_{FRI}(D^*_{FRI})$	分别为（NN$)_C$ 情形、（NR$)_C$ 情形、（FN$)_C$ 情形和（FR$)_C$ 情形下劣质企业的总需要（最优总需求）
	$P_{NNS}(P^*_{NNS})$，P_{NRS} (P^*_{NRS})，$P_{FNS}(P^*_{FNS})$，$P_{FRS}(P^*_{FRS})$	分别为（NN$)_C$ 情形、（NR$)_C$ 情形、（FN$)_C$ 情形和（FR$)_C$ 情形下优质企业的价格（最优价格）
	$P_{NNI}(P^*_{NNI})$，P_{NRI} (P^*_{NRI})，$P_{FNI}(P^*_{FNI})$，$P_{FRI}(P^*_{FRI})$	分别为（NN$)_C$ 情形、（NR$)_C$ 情形、（FN$)_C$ 情形和（FR$)_C$ 情形下劣质企业的价格（最优价格）
	$\pi_{NNS}(\pi^*_{NNS})$，π_{NRS} (π^*_{NRS})，$\pi_{FNS}(\pi^*_{FNS})$，$\pi_{FRS}(\pi^*_{FRS})$	分别为（NN$)_C$ 情形、（NR$)_C$ 情形、（FN$)_C$ 情形和（FR$)_C$ 情形下优质企业的利润（最优利润）
	$\pi_{NNI}(\pi^*_{NNI})$，π_{NRI} (π^*_{NRI})，$\pi_{FNI}(\pi^*_{FNI})$，$\pi_{FRI}(\pi^*_{FRI})$	分别为（NN$)_C$ 情形、（NR$)_C$ 情形、（FN$)_C$ 情形和（FR$)_C$ 情形下劣质企业的利润（最优利润）

表 3 – 18　　　　　　　　　　参数值定义

参数	值
c_1	$\dfrac{1 + \alpha_0}{2}$
c_2	$\dfrac{1 + \alpha}{2}$
c_3	$\dfrac{1 - \alpha_0}{2}$
c_4	$\dfrac{1 - \alpha}{2}$

续表

参数	值
β_1	$\dfrac{3\alpha_0 + 2c - 1}{4}$
β_2	$\dfrac{\alpha_0 + 2c - 1}{2}$
β_3	$\dfrac{3\alpha + 2c - 1}{4}$
β_4	$\dfrac{\alpha + 2c - 1}{2}$
β_5	$\dfrac{3\alpha_0 + 2c - 1}{2}$
β_6	$\dfrac{3\alpha + 2c - 1}{2}$
β_α	$\dfrac{\alpha_0(-1 + 2c + \alpha_0)}{1 - 2c + 3\alpha_0}$
β_7	$\dfrac{-1 + 2c + 3\alpha_0}{2} - \dfrac{\alpha_0(2q_1 + q_2)}{3q_1}$
β_8	$\dfrac{-1 + 2c + 3\alpha}{2} - \dfrac{\alpha(2q_1 + q_2)}{3q_1}$
β_9	$\dfrac{-1 + 2c + \alpha_0}{2} + \dfrac{\alpha_0(q_1 - q_2)}{3q_1(1 - \gamma)}$
β_{10}	$\dfrac{-1 + 2c + \alpha_0}{2} + \dfrac{(q_1 - q_2)\alpha_0}{q_1(1 - \gamma)}$
β_{11}	$\dfrac{-1 + 2c + \alpha}{2} + \dfrac{\alpha(q_1 - q_2)}{3q_1(1 - \gamma)}$
β_{12}	$\dfrac{-1 + 2c + \alpha}{2} + \dfrac{(q_1 - q_2)\alpha}{q_1(1 - \gamma)}$
$\hat{\beta}_1$	$-\dfrac{1}{2} + c + \alpha_0\left(-\dfrac{1}{2} + \dfrac{2}{1 + \sqrt{\gamma}}\right)$
$\hat{\beta}_2$	由方程 $\dfrac{(1 - 2c + \alpha_0)^2 q_H}{16(\alpha_0 - \beta)} = \dfrac{(1 - 2c + \alpha_0 + 2\beta)^2(1 - \gamma)q_H}{16\alpha_0}$ 的解所确定的曲线
$\hat{\beta}_3$	$\alpha_0\gamma$

续表

参数	值
$\hat{\beta}_4$	方程 $\dfrac{q_1{}^2(q_1-q_2)(1-2c+\alpha_0)^2\alpha_0}{(4\alpha_0 q_1-\alpha_0 q_2-3\beta q_1)^2}=\dfrac{q_1^2(q_1-q_2)(1-2c+\alpha_0+2\beta)^2(1-\gamma)^2}{\alpha_0\left[(4-3\gamma)q_1-q_2\right]^2}$ 在 $\beta_2\leqslant\beta<\min\{\beta_7,\ \alpha_0\}$ 之间的解
$\hat{\beta}_1'$	$-\dfrac{1}{2}+c+\alpha\left(-\dfrac{1}{2}+\dfrac{2}{1+\sqrt{\gamma}}\right)$
$\hat{\beta}_2'$	由方程 $\dfrac{(1-2c+\alpha)^2 q_H}{16(\alpha-\beta)}=\dfrac{(1-2c+\alpha+2\beta)^2(1-\gamma)q_H}{16\alpha}$ 的解所确定的曲线
$\hat{\beta}_3'$	$\alpha\gamma$
$\hat{\beta}_4'$	方程 $\dfrac{q_1{}^2(q_1-q_2)(1-2c+\alpha)^2\alpha}{(4\alpha q_1-\alpha q_2-3\beta q_1)^2}=\dfrac{q_1^2(q_1-q_2)(1-2c+\alpha+2\beta)^2(1-\gamma)^2}{\alpha\left[(4-3\gamma)q_1-q_2\right]^2}$ 在 $\beta_4\leqslant\beta<\min\{\beta_8,\ \alpha\}$ 之间的解
$\hat{\beta}$	由方程 $\dfrac{(\beta-\alpha\gamma)(1-2c+\alpha)^2}{(\alpha-\beta)^2}=\max\left\{\dfrac{(1-\gamma)(1-2c+\alpha_0+2\beta)^2}{\alpha_0}-8(1-2c-\alpha_0+2\beta),\right.$ $\left.\dfrac{(1-\gamma)(1-2c+\alpha_0+2\beta)^2}{\alpha_0}-\dfrac{(1-2c+\alpha_0)^2}{(\alpha_0-\beta)}\right\}$ 的解所确定的曲线
$\tilde{\beta}_{C1}$ 和 $\tilde{\beta}_{C2}$	方程 $\dfrac{(1-2c+\alpha_0)^2}{16(\alpha_0-\beta)}+\dfrac{\alpha(1-2c+\alpha)^2(1-\gamma)}{16(\alpha-\beta)^2}=\dfrac{(1-2c+\alpha)^2}{16(\alpha-\beta)}+\dfrac{\alpha_0(1-2c+\alpha)^2(1-\gamma)}{16(\alpha_0-\beta)^2}$ 的解，其中 $\tilde{\beta}_{C1}<\tilde{\beta}_{C2}$
$(\hat{\beta})_C$	由方程 $\dfrac{q_1^2(q_1-q_2)(1-2c+\alpha_0+2\beta)^2(1-\gamma)^2}{\alpha_0\left[(4-3\gamma)q_1-q_2\right]^2}-\dfrac{q_1{}^2(q_1-q_2)(1-2c+\alpha_0)^2\alpha_0}{(4\alpha_0 q_1-\alpha_0 q_2-3\beta q_1)^2}=$ $\dfrac{\alpha(q_1-q_2)q_1^2(1-2c+\alpha)^2(1-\gamma)^2}{(\alpha-\beta)^2\left[(4-3\gamma)q_1-q_2\right]^2}-\dfrac{q_1^2(q_1-q_2)(1-2c+\alpha)^2\alpha}{(4\alpha q_1-\alpha q_2-3\beta q_1)^2}$ 的解所确定的曲线
$(\tilde{\beta}_{C1})_C$ 和 $(\tilde{\beta}_{C2})_C$	方程 $\dfrac{\alpha_0(q_1-q_2)q_1^2(1-2c+\alpha_0)^2(1-\gamma)^2}{(\alpha_0-\beta)^2\left[(4-3\gamma)q_1-q_2\right]^2}-\dfrac{q_1^2(q_1-q_2)(1-2c+\alpha_0)^2\alpha_0}{(4\alpha_0 q_1-\alpha_0 q_2-3\beta q_1)^2}=$ $\dfrac{\alpha(q_1-q_2)q_1^2(1-2c+\alpha)^2(1-\gamma)^2}{(\alpha-\beta)^2\left[(4-3\gamma)q_1-q_2\right]^2}-\dfrac{q_1{}^2(q_1-q_2)(1-2c+\alpha)^2\alpha}{(4\alpha q_1-\alpha q_2-3\beta q_1)^2}$ 的解，其中 $(\tilde{\beta}_{C1})_C<(\tilde{\beta}_{C2})_C$

表 3-19 区域范围定义

应用情形	区域	定义	范围
仅应用于垄断企业情形	IS_{NN}	NN 情形下的内部解	$c < c_1$ 和 $\beta < \beta_1$
	CS_{NN}	NN 情形下的角点解	$\beta \geq \max\{\beta_1, \beta_2\}$
	ZD_{NN}	NN 情形下的零需求	$c \geq c_1$ 和 $\beta < \beta_2$
	IS_{NR}	NR 情形下的内部解	$c < c_2$ 和 $\beta < \beta_3$
	CS_{NR}	NR 情形下的角点解	$\beta \geq \max\{\beta_3, \beta_4\}$
	ZD_{NR}	NR 情形下的零需求	$c \geq c_2$ 和 $\beta < \beta_4$
	IS_{FN}	FN 情形下的内部解	$c < c_1$ 和 $\beta < \beta_2$
	$CS\text{-}F_{FN}$	FN 情形下免费版需求非零的角点解	$c < c_3$ 和 $\beta_2 < \beta < \beta_5 \parallel c_3 \leq c < c_1$ 和 $\beta_2 < \beta < \alpha_0$
	$CS\text{-}N_{FN}$	FN 情形下免费版需求为零的角点解	$\beta \geq \max\{\min\{\alpha_0, \beta_5\}, \beta_2\}$
	ZD_{FN}	FN 情形下的零需求	$c \geq c_1$ 和 $\beta < \beta_2$
	IS_{FR}	FR 情形下的内部解	$c < c_2$ 和 $\beta < \beta_4$
	$CS\text{-}F_{FR}$	FR 情形下免费版需求非零的角点解	$c < c_4$ 和 $\beta_4 < \beta < \beta_6 \parallel c_4 \leq c < c_2$ 和 $\beta_4 < \beta < \alpha$
	$CS\text{-}N_{FR}$	FR 情形下免费版需求为零的角点解	$\beta \geq \max\{\min\{\alpha, \beta_6\}, \beta_4\}$
	ZD_{FR}	FR 情形下的零需求	$c \geq c_2$ 和 $\beta < \beta_4$
	PC	当比较 NN 情形和 FN 情形时，在这个区域内提供免费版仅会产生侵蚀效应	$\{(c, \beta) \mid c < c_3$ 和 $\beta \geq \beta_5 \parallel c_3 \leq c < c_1$ 和 $\beta \geq \alpha_0 \parallel c \geq c_1$ 和 $\beta \geq \beta_2\}$
	ZD	在这个区域，NN 情形和 FN 情形的需求都为零	$\{(c, \beta) \mid c \geq c_1$ 和 $\beta < \beta_2\}$
	Win-Lose	这个区域包含 Win 区域和 Lose 区域	$\{(c, \beta) \mid c < c_3$ 和 $\beta \geq \beta_5 \parallel c_3 \leq c < c_1$ 和 $\beta \geq \alpha_0 \parallel c \geq c_1$ 和 $\beta \geq \beta_2\}$
	Win	当比较 NN 情形和 FN 情形时，在这个区域提供免费版会增加企业的利润	$\{(c, \beta) \mid c < c_1$ 和 $\max\{\hat{\beta}_2, \hat{\beta}_3\} \leq \beta < \min\{\hat{\beta}_1, \alpha\}\}$

续表

应用情形	区域	定义	范围
仅应用于垄断企业情形	Lose	当比较 NN 情形和 FN 情形时，在这个区域提供免费版会弱减少企业的利润	$\{Win\text{-}Lose\} - \{Win\}$
	Win-R	当比较 NR 情形和 FR 情形时，在这个区域提供免费会增加企业的利润	$\{(c, \beta) \mid c < c_2$ 和 $\max\{\hat{\beta}_2', \hat{\beta}_3'\} \leq \beta < \min\{\hat{\beta}_1', \alpha\}\}$
	U	c 和 β 所有可能的取值形成的区域	$\{(c, \beta) \mid 0 < c < 1$ 和 $0 < \beta < 1\}$
	$Region_{NN}$	在这个区域内，在线评论的存在促使企业采用 S_{NN} 策略	$(\{U\} - \{Win\}) \cap (\{U\} - \{Win - R\})$
	$Region_{NF}$	在这个区域内，在线评论的存在促使企业采用 S_{NF} 策略	$(\{U\} - \{Win\}) \cap \{Win - R\}$
	$Region_{FN}$	在这个区域内，在线评论的存在促使企业采用 S_{FN} 策略	$\{Win\} \cap (\{U\} - \{Win - R\})$
	$Region_{FF}$	在这个区域内，在线评论的存在促使企业采用 S_{FF} 策略	$\{Win\} \cap \{Win - R\}$
仅应用于竞争企业情形	U_C	$(NN)_C$ 情形和 $(FN)_C$ 情形的公共可行域	$0 < c < c_1$ 和 $0 < \beta < \min\{\alpha_0, \beta_7\}$
	$(Win)_C$	当比较 $(NN)_C$ 情形和 $(FN)_C$ 情形时，在这个区域提供免费版会增加优质企业的利润	$0 < c < c_1$ 和 $\hat{\beta}_3 \leq \beta < \min\{\beta_7, \alpha_0, \hat{\beta}_4\}$
	$(Lose)_C$	当比较 $(NN)_C$ 情形和 $(FN)_C$ 情形时，在这个区域提供免费版会减少优质企业的利润	$\{U_C\} - \{(Win)_C\}$

续表

应用情形	区域	定义	范围
仅应用于竞争企业情形	$(Win-R)_C$	当比较 $(NR)_C$ 情形和 $(FR)_C$ 情形时，在这个区域提供免费版会增加优质企业的利润	$0<c<c_2$ 和 $\hat{\beta}_3'\leq\beta<\min\{\beta_8,\ \alpha,\ \hat{\beta}_4'\}$
	$(Region_{NN})_C$	在这个区域内，在线评论的存在促使优质企业采用 S_{NN} 策略	$(\{U_C\}-\{(Win)_C\})\cap(\{U_C\}-(\{(Win-R)_C\}\cap\{U_C\}))$
	$(Region_{NF})_C$	在这个区域内，在线评论的存在促使优质企业采用 S_{NF} 策略	$(\{U_C\}-\{(Win)_C\})\cap(\{(Win-R)_C\}\cap\{U_C\})$
	$(Region_{FN})_C$	在这个区域内，在线评论的存在促使优质企业采用 S_{FN} 策略	$\{(Win)_C\}\cap(\{U_C\}-(\{(Win-R)_C\}\cap\{U_C\}))$
	$(Region_{FF})_C$	在这个区域内，在线评论的存在促使优质企业采用 S_{FF} 策略	$\{(Win)_C\}\cap(\{(Win-R)_C\}\cap\{U_C\})$

4.1 引　言

信息性广告是指告知消费者产品的存在，提高消费者对产品知晓度的广告。一直以来，信息性广告对于竞争企业来说至关重要。一般来说，企业的信息性广告强度越强，消费者对该产品的需求越多，从而企业会实现更多的利润。随着电子商务的发展，在线评论成为消费者在网络购物过程中获得产品信息的重要来源（Kwark et al.，2014）。据调查统计数据，在购买不熟悉产品时，在线评论对消费者购物决策的影响占主导地位，77.5%的消费者在购物决策中主要考虑因素为网络口碑（即在线评论），超过了价格、网站/商家信誉、品牌美誉度等因素①。因此，对于知晓某个产品存在的消费者来说，在线评论会影响消费者最终的购买决策。

信息性广告的主要目的是告知消费者产品的存在，但并没有改变消费者对产品的评估（Grossma & Shapiro，1984），而在线评论虽不能增加知道产品

---

① 中国互联网信息中心发布的《2015 年中国网络购物市场研究报告》。

的消费者数量，却可以改变消费者对产品质量的评估。因此，企业可以利用在线评论来调整信息性广告策略，通过在线评论改变消费者对产品质量的评估来增加信息性广告的有效性。但是，如何利用在线评论来调整企业信息性广告策略一直存在着争议。另外，企业销售的产品从经济学角度大致可以分为两类：搜索产品和体验产品（Mudambi & Schuff，2010；Cao，2020）。消费者在利用在线评论对产品进行评估时，对搜索产品和体验产品的评估机制是不同的（Kwark et al.，2014）。因此，对于不同类型的产品（即搜索产品和体验产品），企业利用在线评论进行信息性广告策略的调整也会有所不同。

基于上述分析，本章主要探究以下问题：第一，在在线评论的影响下，竞争企业会如何调整信息性广告策略？对竞争企业的利润又有何影响？第二，对于不同类型的产品（即搜索产品和体验产品），在线评论的存在对竞争企业的信息性广告策略和企业利润的影响有何不同？

4.2 信息性广告相关研究

企业信息性广告策略的研究主要集中在均匀信息性广告策略与定向信息性广告策略。在均匀信息性广告策略方面，格罗斯曼和夏皮罗（Grossman & Shapiro，1984）及贝斯特和佩特拉基斯（Bester & Petrakis，1995）研究发现，当信息性广告提供价格信息给未知消费者时，在异质产品市场中，信息性广告强度与价格呈逆相关。索贝曼（Soberman，2004）扩展了格罗斯曼和夏皮罗（Grossman & Shapiro，1984）的模型，结果显示仅信息性广告就可以导致更高或更低的价格，主要取决于竞争企业的分化程度。在定向信息性广告策略方面，艾耶等（Iyer et al.，2005）构建了博弈模型研究企业可以向不同类型群体的消费者定向发送信息性广告，研究结果显示，当企业可以选择定向发送信息性广告时，企业会更多地将信息性广告发送给对他们产品具有强烈偏好的消费者，而不是对不同产品进行比较消费者；同时，定向信息性广告发送策略也消除了向不匹配消费者发送广告的情况。高哲铭等（Gal-Or et al.，2006）研究了广告商应如何分配资源以提高定向信息性广告的质量，为提高信息性广告的质量进行的相对资源分配取决于广告受众的大小、观众跳开广告的倾向、广告的总体成本和竞争环境。近期，学者们渐渐关注更多的具体应用情境。例如，李等（Li et al.，2019）研究了信息性广告策略与推荐系统的交互作用，研究发现无论是均匀信息性广告还是定向信息性广告，当推荐系统准确性高的时候，企业更容易从推荐系统中获利。综上所述，虽然学者们对企业信息性广告策略进行了研究，但竞争环境中在线评论影响下企业信息性广告与产品定价策略的研究还存在缺口。因此，本章构建了有无在线评论情形下企业信息性广告与产品定价策略模型，探索在线评论的存在对竞争企业的信息性广告强度、产品定价和企业利润的影响，为相关企业提供管理启示。

4.3　模　型　假　设

考虑两个竞争企业Ⅰ和企业Ⅱ，企业Ⅰ销售产品 A，价格为 p_A，企业Ⅱ销售产品 B，价格为 p_B。每个产品有质量属性和匹配属性。质量属性表示每个消费者都偏好更好的质量，产品的质量决定消费者可以从这个产品中获取的最大价值，分别为 x_A 和 x_B。匹配属性表示不同的消费者对产品有不同的匹配程度，单位不匹配成本为 t。两个企业的产品位于霍特林线的两端，产品 A 位于霍特林线 0 的位置，产品 B 位于霍特林线 1 的位置，消费者均匀地分布在［0，1］的霍特林线上。产品与消费者之间的距离表示产品与消费者之间的不匹配程度。因此，对于一个与产品 A 的距离为 λ 的消费者，他从产品 A 和产品 B 中获取的净效用如下：

$$\begin{cases} V_A = x_A - \lambda t - p_A \\ V_B = x_B - (1-\lambda)t - p_B \end{cases}$$

因此，对于一个与产品 A 的距离为 λ 的消费者，从产品 A 和产品 B 中获

得的净效用差异为 $V_A - V_B = (x_A - x_B) + (1 - 2\lambda)t - (p_A - p_B)$。其中 $x_A - x_B$ 为两个产品的真实质量差异，并假设两个产品的真实质量差异为零（Kwark et al.，2014）。不失一般性，假设产品 A 和产品 B 的边际生产成本都可以忽略不计。

假设两个竞争企业都采用均匀信息性广告策略，也就是所有消费者接收到某个企业的信息性广告的概率（γ_i，$i \in \{A, B\}$）是相同的，γ_i 也可以被认为该企业的信息性广告强度。企业信息性广告强度为 γ_i 的广告成本为 $\alpha\gamma_i^2/2$（Bester & Petrakis，1995）。与已有文献索贝曼（Soberman，2004）一致，假定在均衡情况下，企业 I 和企业 II 的信息性广告都不能覆盖所有的消费者，即 $0 < \gamma_i < 1$。不失一般性，将市场上消费者的数量标准化为 1。在企业的信息性广告的影响下，会产生三类消费者：第一类消费者为完全知晓消费者，就是说消费者知道两个产品的存在，这类消费者的数量为 $\gamma_A\gamma_B$；第二类为完全不知晓消费者，就是说消费者不知道两个产品的存在，这类消费者的数量为 $(1 - \gamma_A)(1 - \gamma_B)$；第三类为部分知晓消费者，就是说消费者要么只知道产品 A，要么只知道产品 B，只知道产品 A 的消费者数量为 $\gamma_A(1 - \gamma_B)$，只知道产品 B 的消费者数量为 $(1 - \gamma_A)\gamma_B$。

假设每个消费者有 1 个单位的需求，而且只能从知道的产品中进行购买。因此，对于完全不知晓的消费者，他们不知道两个产品，因此，不会进行购买；对于完全知晓的消费者，消费者比较两产品的净效用，将购买净效用高的产品；对于部分知晓的消费者，消费者只会购买其知道的产品，只要消费者可以从该产品中获取正的净效用。与已有文献索贝曼（Soberman，2004）一致，假设产品 i 对消费者的价值 x_i 足够大，使得两个产品都可以提供所有消费者正的净效用。

在没有在线评论的情况下，对于质量维度，根据产品描述和其他信息来源，每个消费者形成关于两个产品质量差异的评估，用 x_C 表示；对于匹配维度，采用与文献夸克等（Kwark et al.，2014）中一致的方法，消费者观察到一个信号 s，这个信号与消费者的真实不匹配程度一致的概率为 β_C，与消费者的真实不匹配程度不一致的概率为 $(1 - \beta_C)$，也就是说，$\Pr(s = y \mid \lambda = y) =$

β_C 和 $\mathrm{Pr}(s \neq y \mid \lambda = y) = 1 - \beta_C$，其中 $y \in [0, 1]$。根据贝叶斯更新，可以得到 $E(\lambda \mid s = y) = [\beta y + (1 - \beta)/2]$。因此，对消费者感知质量差异为 x_C 和不匹配程度信号为 $s = y$ 的消费者，从产品 A 和产品 B 中得到的期望净效用差异为：

$$E(V_A - V_B \mid x_C, y) = x_C + (1 - 2y)\beta_C t - (p_A - p_B) \qquad (4-1)$$

不同的消费者感知不同的质量差异 x_C 和收到不同的信号 y。假设所有消费者感知质量差异服从 $[-\epsilon, \epsilon]$ 上的均匀分布，信号 y 服从 $[0, 1]$ 上的均匀分布，企业不知道单个消费者的感知质量差异或收到不匹配程度的信号，但是知道所有消费者的感知质量差异和收到不匹配程度的信号的分布。

在线评论提供了关于产品的额外信息，消费者可以结合在线评论对产品进行进一步评估。对于质量维度，消费者观察到在线评论揭示的两个产品质量差异后，调整其关于两个产品质量差异的评估，用 vx_C 表示，其中 $v \in (0, +\infty)$。当 $v < 1$ 时，在线评论揭示两个产品的质量差异比没有在线评论时消费者对两个产品质量差异的评估要小；当 $v = 1$ 时，在线评论揭示两个产品的质量差异与没有在线评论时消费者关于两个产品质量差异的评估一致；当 $v > 1$ 时，在线评论揭示两个产品的质量差异比没有在线评论时消费者对两个产品质量差异的评估要大。对于匹配维度，在线评论存在的情况下，消费者观察到一个信号 s_R，这个信号与消费者的真实不匹配程度一致的概率为 β_R，与消费者的真实不匹配程度不一致的概率为 $(1 - \beta_R)$，其中 $\beta_R > \beta_C$。这是因为在线评论提供了额外的信息，使得消费者更加了解产品与自己的不匹配程度。根据贝叶斯更新，可以得到 $E(\lambda \mid s = y) = [\beta_R y + (1 - \beta_R)/2]$。因此，对消费者感知质量差异为 vx_C 和不匹配程度信号为 $s_R = y$ 的消费者，从产品 A 和产品 B 中得到的期望净效用差异为：

$$E(V_A - V_B \mid x_c, y) = vx_C + (1 - 2y)\beta_R t - (p_A - p_B) \qquad (4-2)$$

本模型的博弈时序如下：在第一阶段，企业Ⅰ和企业Ⅱ同时决定产品的价格与信息性广告强度。在第二阶段，消费者做出购买决策。在本模型的假设下，考虑两种情况：在线评论不存在的情况和在线评论存在的情况。我们将在线评论不存在的情况作为基准模型来分析在线评论对企业信息性广告决策的影响。表4-1为本章用到的公式中符号的约定。

表4-1 符号约定

符号	定义
$i \in \{A, B\}$	产品的索引
$x_i \in (0, +\infty)$	产品 i 的真实质量
$\lambda \in [0, 1]$	消费者与产品 A 之间真实的不匹配程度
$t \in (0, +\infty)$	不匹配成本
$p_i \in (0, +\infty)$	产品 i 的价格
V_i	消费者从产品 i 中获得的净效用
$\gamma_i \in (0, 1)$	消费者接收到产品 i 的信息性广告的概率，也可以被认为是产品 i 的信息性广告强度
$\alpha \in (0, +\infty)$	衡量信息性广告成本的大小
x_C	在线评论不存在的情况下，消费者感知产品 A 和产品 B 的质量差异
$\epsilon \in (0, +\infty)$	x_C 满足在 $[-\epsilon, \epsilon]$ 之间的均匀分布
s	在线评论不存在的情况下，消费者收到的不匹配信号
$y \in [0, 1]$	消费者收到的不匹配信号揭示的消费者与产品 A 的不匹配程度
$\beta_C \in (0, 1)$	在线评论不存在的情况下，消费者收到的不匹配信号与消费者的真实不匹配程度相等的概率
$v \in (0, +\infty)$	消费者观察到在线评论揭示的两个产品质量差异后，调整自己对关于两个产品质量差异的评估的系数
s_R	在线评论存在的情况下，消费者收到的不匹配信号
$\beta_R \in (\beta_C, 1)$	在线评论存在的情况下，消费者收到的不匹配信号与消费者真实不匹配程度相等的概率
D_{iS}	在搜索产品情况下，完全知晓消费者产品 i 的需求
D_{iE}	在体验产品情况下，完全知晓消费者产品 i 的需求
D_i	产品 i 的总需求
π_i	产品 i 的利润

4.4 均 衡 分 析

4.4.1 需求分析

首先考虑完全知晓消费者的需求函数。考虑在博弈的最后阶段，消费者知道两个产品的期望效用差异。根据公式（4-1）和公式（4-2），将在线评论不存在的情况下和在线评论存在的情况下的消费者期望效用差异统一为如下公式：

$$E(V_A - V_B \mid x_C, y) = \theta x_C + (1 - 2y)\beta t - (p_A - p_B) \qquad (4-3)$$

其中，$(\theta, \beta) \in \{(1, \beta_C), (v, \beta_R)\}$。在线评论不存在的情况下，$\theta = 1$，$\beta = \beta_C$；在线评论存在的情况下，$\theta = v$，$\beta = \beta_R$。本书主要关注在线评论在改变两个企业竞争中起到较小或中等的作用（Kwark et al.，2014），也就是说，即使考虑在线评论的影响，两个企业仍旧具有相当程度的竞争性，不会形成一个企业主导市场的情况。

本书对搜索产品和体验产品分别进行讨论。对于搜索产品，当消费者对产品 A 有较低的匹配时，却可以从产品 A 中获得更高的净效用，这是因为消费者对产品 A 的质量维度的评价更高（Kwark et al.，2014）。因此，根据公式（4-3），如果消费者的感知质量差异高于 $[(p_A - p_B) - (1-2y)\beta t]/\theta$，则消费者从产品 A 获得感知效用高；如果消费者的感知质量差异低于 $[(p_A - p_B) - (1-2y)\beta t]/\theta$，则消费者从产品 B 获得感知效用高。因此，对于搜索产品来说，产品 A 和产品 B 的需求如下：

$$D_{AS} = \int_0^1 \int_{\frac{[(p_A - p_B) - (1-2y)\beta t]}{\theta}}^{\epsilon} \frac{1}{2\epsilon} \mathrm{d}x \mathrm{d}y = \frac{1}{2} - \frac{1}{2\theta\epsilon}(p_A - p_B)$$

$$D_{BS} = \int_0^1 \int_{-\epsilon}^{\frac{[(p_A - p_B) - (1-2y)\beta t]}{\theta}} \frac{1}{2\epsilon} \mathrm{d}x \mathrm{d}y = \frac{1}{2} + \frac{1}{2\theta\epsilon}(p_A - p_B)$$

对于体验产品，当消费者对产品 A 有较低的质量评价时，却可以从产品 A 中获得更高的净效用，这是因为消费者与产品 A 更加匹配（Kwark et al.，2014）。边际消费者 $y_A(y_B)$ 指的是当消费者感知到最大的质量差异 $x_C = -\epsilon(x_C = \epsilon)$ 时，消费者从两个产品中获得的效用相等，可以求得 $y_A = \frac{1}{2\beta t}[-\theta\epsilon + \beta t - (p_A - p_B)]$，和 $y_B = \frac{1}{2\beta t}[\theta\epsilon + \beta t - (p_A - p_B)]$。因此，我们可以分三种情况讨论：第一种情况，当消费者获得的信号为 $y \in [0, y_A]$，消费者对产品 A 有足够高的匹配程度，因此，无论产品的感知质量差异如何，消费者总是从产品 A 获得更高的净效用；第二种情况，当消费者获得的信号为 $y \in [y_B, 1]$，消费者对产品 B 有足够高的匹配程度，因此，无论产品的感知质量差异如何，消费者总是从产品 B 获得更高的净效用；第三种情况，当消费者获得的信号为 $y \in [y_A, y_B]$，消费者可能从产品 A 或产品 B 中获得更高的净效用，主要取决于产品感知质量差异。因此，对于体验产品来说，产品 A 和产品 B 的需求如下：

$$D_{AE} = \int_0^{y_A}\mathrm{d}y + \int_{y_A}^{y_B}\int_{\frac{[(p_A - p_B) - (1-2y)\beta t]}{\theta}}^{\epsilon}\frac{1}{2\epsilon}\mathrm{d}x\mathrm{d}y = \frac{1}{2} - \frac{1}{2\beta t}(p_A - p_B)$$

$$D_{BE} = \int_{y_A}^{y_B}\int_{-\epsilon}^{\frac{[(p_A - p_B) - (1-2y)\beta t]}{\theta}}\frac{1}{2\epsilon}\mathrm{d}x\mathrm{d}y + \int_{y_B}^{1}\mathrm{d}y = \frac{1}{2} + \frac{1}{2\beta t}(p_A - p_B)$$

结合部分知晓消费者的情况，我们可以得到产品 A 和产品 B 的总需求如下：

$$D_A = \gamma_A(1 - \gamma_B) + \gamma_A\gamma_B D_{Af} = \gamma_A(1 - \gamma_B) + \gamma_A\gamma_B\left[\frac{1}{2} - \frac{1}{2\tau}(p_A - p_B)\right]$$

$$D_B = \gamma_B(1 - \gamma_A) + \gamma_A\gamma_B D_{Bf} = \gamma_B(1 - \gamma_A) + \gamma_A\gamma_B\left[\frac{1}{2} + \frac{1}{2\tau}(p_A - p_B)\right]$$

其中，$\tau \in \{\theta\epsilon, \beta t\}$，$D_{if} \in \{D_{iS}, D_{iE}\}$。当 $\tau = \theta\epsilon$，产品 A 和产品 B 为搜索产品的情况；当 $\tau = \beta t$，产品 A 和产品 B 为体验产品的情况。当 $D_{if} = D_{iS}$，表示在搜索产品情况下完全知晓消费者对产品 i 的需求；$D_{if} = D_{iE}$，表示在体验产品情况下完全知晓消费者对产品 i 的需求。

4.4.2 均衡结果

在博弈的第一阶段，企业选择价格和信息性广告强度使得企业利润最大化，如下：

$$\max_{p_i, \gamma_i} \pi_i = p_i D_i - \frac{\alpha \gamma_i^2}{2}$$

根据一阶条件 $\dfrac{\partial \pi_i}{\partial p_i} = 0$ 和 $\dfrac{\partial \pi_i}{\partial \gamma_i} = 0$，可以得到企业的最优价格和最优信息性广告强度。以下引理总结了相应的均衡结果。

引理 4-1：在考虑在线评论影响的情况下，企业的均衡价格、均衡信息性广告强度和均衡利润如下：

（a）价格：

$$p_A^* = p_B^* = \sqrt{2\alpha\tau}$$

（b）信息性广告强度：

$$\gamma_A^* = \gamma_B^* = \frac{2\sqrt{\tau}}{\sqrt{2\alpha} + \sqrt{\tau}}$$

（c）企业利润：

$$\pi_A^* = \pi_B^* = \frac{2\alpha\tau}{\left(\sqrt{\tau} + \sqrt{2\alpha}\right)^2}$$

值得注意的是，为了使得在均衡情况下企业的信息性广告不能够完全覆盖所有消费者，要求 $0 < \gamma_A^* = \gamma_B^* < 1$，因此 α 需要满足条件 $\alpha > \dfrac{\tau}{2}$，也就是说，广告的成本不能太小。当广告成本 $\alpha \leq \dfrac{\tau}{2}$ 时，广告成本太小，企业都会选择信息性广告强度为 $\gamma_A^* = \gamma_B^* = 1$，但这种情况不在本文的考虑范围内（Soberman，2004）。

4.5 在线评论影响分析

4.5.1 搜索产品

在搜索产品的情况下，首先讨论在线评论的存在对企业的产品定价的影响。比较在线评论不存在的情况和在线评论存在的情况下企业的均衡价格，得出如下定理：

定理 4 − 1：对于搜索产品来说，相对于在线评论不存在的情况，在线评论存在的情况下，当 $v < 1$ 时，产品 A 和产品 B 的定价更低；当 $v > 1$ 时，产品 A 和产品 B 的定价更高。

证明：由于讨论搜索产品，将 $\tau = \theta\epsilon$ 代入引理 4 − 1（a），可得 $p_A^* = p_B^* = \sqrt{2\alpha\theta\epsilon}$。由 $\dfrac{\partial p_A^*}{\partial \theta} = \dfrac{\partial p_B^*}{\partial \theta} = \dfrac{\alpha\epsilon}{\sqrt{2\alpha\theta\epsilon}} > 0$ 可知，均衡价格随着 θ 的增大而增加。当在线评论不存在的情况下，$\theta = 1$，当在线评论存在的情况下，$\theta = v$。因此，当 $v < 1$ 时，在线评论存在的情况下产品 A 和产品 B 的定价更低；当 $v > 1$ 时，在线评论存在的情况下产品 A 和产品 B 的定价更高。**证毕**。

定理 4 − 1 揭示了在搜索产品的情况下，在线评论的存在是否影响企业的产品定价，取决于在线评论揭示的两个产品的质量差异与消费者自己对两个产品质量差异的评估之间的大小关系。图 4 − 1 清楚地展示了定理 4 − 1 的结论。如果在线评论揭示的两个产品的质量差异比没有在线评论时消费者对两个产品质量差异的评估要小，那么两个企业在线评论存在下的定价都比在线评论不存在的情况下要低。这是因为，当在线评论揭示的两个产品的质量差异比没有在线评论时消费者对两个产品质量差异的评估要小时，也就意味着消费者调整后的两产品感知质量差异会小于在线评论不存在的情况。在消费者调整后的两产品感知质量差异较小的情况下，企业 I 和企业 II 为了争夺完全知晓消费者，会降低产品价格，我们将这个效应称为"竞争效应"。如果在线评论揭示的两个产品的质量差异比没有在线评论时消费者对两个产品质量差异的评估要大，那么两个企业在线评论存在下的定价都比在线评论不存在的情况下要高。这是因为，当在线评论揭示的两个产品的质量差异比消费者自己对两个产品质量差异的评估要大时，也就意味着消费者调整后的两产品的感知质量差异会大于在线评论不存在的情况。因此，在消费者调整后的两产品感知质量差异较大的情况下，企业Ⅰ和企业Ⅱ只需要关注更加偏好自己的消费者，因此，企业Ⅰ和企业Ⅱ可以提高产品的价格。

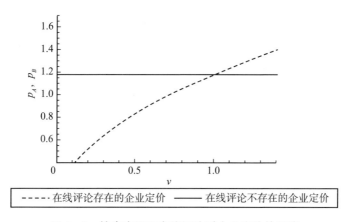

图 4 - 1　搜索产品下在线评论对企业定价的影响

注：$\alpha = 0.7$，$\epsilon = 1$，$v \in (0, 1.4)$。

下面我们讨论在线评论的存在对企业信息性广告强度的影响。在搜索产品的情况下，比较在线评论不存在的情况和在线评论存在的情况下企业的信息性广告强度，得出如下定理：

定理 4 - 2：对于搜索产品来说，相对于在线评论不存在的情况，在线评论存在的情况下，当 $v < 1$ 时，企业Ⅰ和企业Ⅱ的信息性广告强度更小；当 $v > 1$ 时，企业Ⅰ和企业Ⅱ的信息性广告强度更大。

证明：由于讨论搜索产品，将 $\tau = \theta\epsilon$ 代入引理 4 - 1（b），可得 $\gamma_A^* = \gamma_B^* =$

$\dfrac{2\sqrt{\theta\epsilon}}{\sqrt{2\alpha}+\sqrt{\theta\epsilon}}$。由 $\dfrac{\partial\gamma_A^*}{\partial\theta}=\dfrac{\partial\gamma_B^*}{\partial\theta}=\dfrac{\sqrt{2\alpha\epsilon}}{\sqrt{\theta\epsilon}(\sqrt{2\alpha}+\sqrt{\theta\epsilon})^2}>0$ 可知，均衡信息性广告强度随着 θ 的增大而增加。当在线评论不存在的情况下，$\theta=1$；当在线评论存在的情况下，$\theta=v$。因此，当 $v<1$ 时，在线评论存在的情况下企业 I 和企业 II 的信息性广告强度更小；当 $v>1$ 时，在线评论存在的情况下企业 I 和企业 II 的信息性广告强度更大。**证毕**。

定理 4-2 揭示了在搜索产品的情况下，在线评论的存在是否影响企业的信息性广告强度，取决于在线评论揭示的两个产品的质量差异与没有在线评论时消费者对两个产品质量差异的评估之间的大小关系。图 4-2 清楚地展示了定理 4-2 的结论。如果在线评论揭示的两个产品的质量差异比没有在线评论时消费者对两个产品质量差异的评估要小，那么两个企业在线评论存在下的信息性广告强度都比在线评论不存在的情况下要低。这是因为，当消费者调整后的两产品感知质量差异较小时，两企业在完全知晓消费者中的竞争加大。因此，企业会降低信息性广告强度，以减少完全知晓消费者数量，增加部分知晓消费者数量，将这个效应称为"广告效应"。

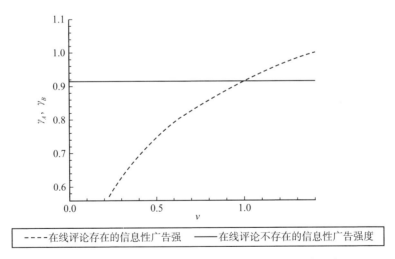

图 4-2 搜索产品下在线评论对信息性广告强度的影响

注：$\alpha=0.7$，$\epsilon=1$，$v\in(0,1.4)$。

如果在线评论揭示的两个产品的质量差异比没有在线评论时消费者对两个产品质量差异的评估要大，那么两个企业在线评论存在下的信息性广告强度都比在线评论不存在的情况下要高。这是因为，当在消费者调整后的两产品感知质量差异较大时，企业 I 和企业 II 在完全知晓消费者部分的竞争减少。因此，企业会增加信息性广告强度，以增加完全知晓消费者数量，减少部分知晓消费者数量。

最后，我们讨论在线评论的存在对企业利润的影响。在搜索产品的情况下，比较在线评论不存在的情况和在线评论存在的情况下企业的利润，得出如下定理：

定理 4 – 3：对于搜索产品来说，相对于在线评论不存在的情况，在线评论存在的情况下，当 $\theta < 1$ 时，企业 I 和企业 II 的利润更低；当 $\theta > 1$ 时，企业 I 和企业 II 的企业利润更高。

证明：由于讨论搜索产品，将 $\tau = \theta\epsilon$ 代入引理 4 – 1（c），可得 $\pi_A^* = \pi_B^* = \dfrac{2\alpha\theta\epsilon}{(\sqrt{\theta\epsilon} + \sqrt{2\alpha})^2}$。由 $\dfrac{\partial \pi_A^*}{\partial \theta} = \dfrac{\partial \pi_B^*}{\partial \theta} = \dfrac{2\sqrt{2}\alpha^{3/2}\epsilon}{(\sqrt{2\alpha} + \sqrt{\theta\epsilon})^3} > 0$ 可知，均衡企业利润随着 θ 的增大而增加。当在线评论不存在的情况下，$\theta = 1$；当在线评论存在的情况下，$\theta = v$。因此，当 $v < 1$ 时，在线评论存在的情况下企业 I 和企业 II 的利润更低；当 $v > 1$ 时，在线评论存在的情况下企业 I 和企业 II 的企业利润更高。**证毕**。

定理 4 – 3 揭示了在搜索产品的情况下，在线评论的存在是否影响企业利润，也取决于在线评论揭示的两个产品的质量差异与没有在线评论时消费者对两个产品质量差异的评估之间的大小关系。图 4 – 3 清楚地展示了定理 4 – 3 的结论。如果在线评论揭示的两个产品的质量差异比没有在线评论时消费者对两个产品质量差异的评估要小，那么两个企业在线评论存在下的利润都比在线评论不存在的情况下要低。这是因为，在消费者调整后的两产品感知质量差异较小的情况时，存在两个效应："竞争效应"导致企业降低产品价格，从而导致企业利润降低；"广告效应"导致企业降低信息性广告强度，从而导致企业从部分知晓消费者部分获利增加。但是"竞争效应"导致的企业利润减少主导了"广告效应"导致的利润增加。因此，在线评论存在的情况下，企业利润较低。如果在线评论揭示的两个产品的质量差异比没有在线评论时消费者对两个产品质量差异的评估要大，那么两个企业在线评论存在下的利润都比在线评论不存在的情况下要高。这是因为，当在消费者调整后的两产品感知质量差异较大时，也存在着两个效应："竞争效应"导致企业提高产品价格，从而导致企业利润增加；"广告效应"导致企业增加信息性广告强度，从而导致企业从部分知晓消费者部分获利减少。同样地，"竞争效应"导致的企业利润增加主导了"广告效应"导致的利润减少。因此，在线评论存在的情况下，企业利润较高。

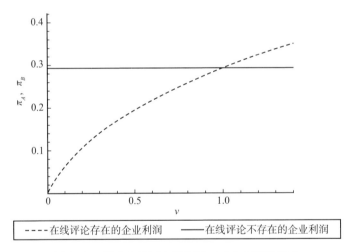

图 4-3　搜索产品下在线评论对企业利润的影响

注：$\alpha = 0.7$，$\epsilon = 1$，$v \in (0, 1.4)$。

4.5.2　体验产品

在体验产品的情况下，首先讨论在线评论的存在对企业的产品定价的影响。比较在线评论不存在的情况和在线评论存在的情况下企业的均衡价格，得出如下定理：

定理 4 - 4：对于体验产品来说，相对于在线评论不存在的情况，在线评论存在的情况下，产品 A 和产品 B 的定价更高。

证明：由于讨论体验产品，将 $\tau = \beta t$ 代入引理 4 - 1 （a），可得 $p_A^* = p_B^* = \sqrt{2\alpha\beta t}$。由 $\frac{\partial p_A^*}{\partial \beta} = \frac{\partial p_B^*}{\partial \beta} = \frac{\alpha t}{\sqrt{2\alpha\beta t}} > 0$ 可知，均衡价格随着 β 的增大而增加。当在线评论不存在的情况下，$\beta = \beta_C$，当在线评论存在的情况下，$\beta = \beta_R$。由于 $\beta_C < \beta_R$，在线评论存在的情况下产品 A 和产品 B 的定价更高。**证毕**。

定理 4 - 4 揭示了在体验产品的情况下，在线评论的存在会导致企业提高产品的定价。图 4 - 4 清楚地展示了定理 4 - 4 的结论。在线评论存在的情况下，消费者收到的不匹配信号与消费者的真实不匹配程度一致的概率比在线评论不存在的情况下高，这是因为在线评论提供了额外的信息，使得消费者更加了解产品与自己的不匹配程度。因此，在线评论存在的情况下，消费者的感知偏好分布更加分散，导致企业在完全知晓消费者部分的竞争减少，即"竞争效应"，从而企业可以提高产品的定价。

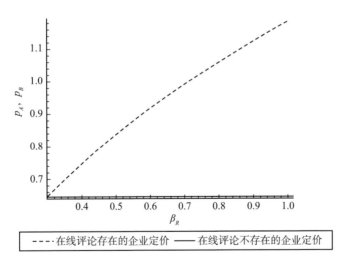

图 4 - 4　体验产品下在线评论对企业定价的影响

注：$\alpha = 0.7$，$t = 1$，$\beta_C = 0.3$，$\beta_R \in (0.3, 1)$。

下面我们讨论在线评论的存在对企业的信息性广告强度的影响。在体验产品的情况下，比较在线评论不存在的情况和在线评论存在的情况下企业的均衡信息性广告强度，得出如下定理：

定理 4 – 5：对于体验产品来说，相对于在线评论不存在的情况，在线评论存在的情况下，企业 I 和企业 II 的信息性广告强度更大。

证明：由于讨论体验产品，将 $\tau = \beta t$ 代入引理 4 – 1（b），可得 $\gamma_A^* = \gamma_B^* = \dfrac{2\sqrt{\beta t}}{\sqrt{2\alpha} + \sqrt{\beta t}}$。由 $\dfrac{\partial \gamma_A^*}{\partial \beta} = \dfrac{\partial \gamma_B^*}{\partial \beta} = \dfrac{\sqrt{2\alpha t}}{\sqrt{\beta t}\,(\sqrt{2\alpha} + \sqrt{\beta t})^2} > 0$ 可知，均衡信息性广告强度随着 β 的增大而增加。当在线评论不存在的情况下，$\beta = \beta_C$，当在线评论存在的情况下，$\beta = \beta_R$。由于 $\beta_C < \beta_R$，在线评论存在的情况下企业 I 和企业 II 的信息性广告强度更大。**证毕**。

定理 4 – 5 揭示了在体验产品的情况下，在线评论的存在会导致企业增强信息性广告强度。图 4 – 5 清楚地展示了定理 4 – 5 的结论。在线评论存在的情况下，消费者的感知偏好分布更加分散，导致企业在完全知晓消费者部分的竞争减少，因此，企业会增加信息性广告强度，以增加完全知晓消费者数量，即"广告效应"。

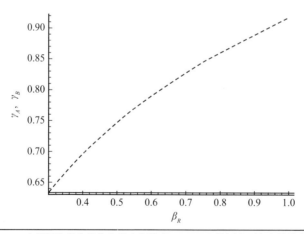

---- 在线评论存在的信息性广告强度　　——— 在线评论不存在的信息性广告强度

图 4 – 5　体验产品下在线评论对信息性广告强度的影响

注：$\alpha = 0.7$，$t = 1$，$\beta_C = 0.3$，$\beta_R \in (0.3, 1)$。

最后，我们讨论在线评论的存在对企业的利润的影响。在体验产品的情况下，比较在线评论不存在的情况和在线评论存在的情况下企业的均衡利润，得出如下定理：

定理 4 - 6：对于体验产品来说，相对于在线评论不存在的情况，在线评论存在的情况下，企业 I 和企业 II 的利润更高。

证明：由于讨论体验产品，将 $\tau = \beta t$ 代入引理 4 - 1（c），可得 $\pi_A^* = \pi_B^* = \dfrac{2\alpha\beta t}{(\sqrt{\beta t} + \sqrt{2\alpha})^2}$。由 $\dfrac{\partial \pi_A^*}{\partial \beta} = \dfrac{\partial \pi_B^*}{\partial \beta} = \dfrac{2\sqrt{2}\alpha^{3/2} t}{(\sqrt{2\alpha} + \sqrt{\beta t})^3} > 0$ 可知，均衡企业利润随着 β 的增大而增加。当在线评论不存在的情况下，$\beta = \beta_C$，当在线评论存在的情况下，$\beta = \beta_R$。由于 $\beta_C < \beta_R$，在线评论存在的情况下企业 I 和企业 II 的利润更高。**证毕**。

定理 4 - 6 揭示了在体验产品的情况下，在线评论的存在会导致企业利润增加。图 4 - 6 清楚地展示了定理 4 - 6 的结论。在线评论存在的情况下，存

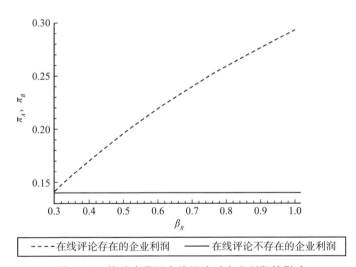

图 4 - 6　体验产品下在线评论对企业利润的影响

注：$\alpha = 0.7$，$t = 1$，$\beta_C = 0.3$，$\beta_R \in (0.3, 1)$。

在两个效应："竞争效应"导致企业提高产品价格，从而导致企业利润增加；"广告效应"导致企业增加信息性广告强度，从而导致企业从部分知晓消费者部分获利减少。但是，"竞争效应"导致的企业利润增加主导了"广告效应"导致的利润减少。因此，在线评论存在的情况下，企业利润较高。

4.6 结　　论

本章针对在线评论影响下企业的信息性广告策略，通过构建和比较不同产品类型（即搜索产品和体验产品）在没有在线评论时和有在线评论时的博弈模型，研究了在线评论影响下企业信息性广告与产品定价策略，研究发现：第一，如果企业销售的是搜索产品，在线评论对企业的影响取决于在线评论揭示的两个产品的质量差异与没有在线评论时消费者对两个产品质量差异的评估之间的大小关系。如果在线评论揭示的两个产品的质量差异比没有在线评论时消费者对两个产品质量差异的评估要小，在线评论的存在使得企业定价、企业信息性广告强度和企业利润都降低；如果在线评论揭示的两个产品的质量差异比没有在线评论时消费者对两个产品质量差异的评估要大，在线评论的存在使得企业定价、企业信息性广告强度和企业利润都提高。第二，如果企业销售的是体验产品，在线评论的存在使得企业定价、企业信息性广告强度和企业利润都提高。

本章的结论也为企业的广告策略制定提供了参考建议。第一，企业可以合理利用在线评论制定信息性广告策略和定价策略，来提高企业利润。在线评论不仅可以为消费者提供额外的产品信息，更可以为企业提供制定广告策略和定价策略的信息。因此，企业可以合理利用在线评论来制定相关策略。第二，针对不同产品类型（即搜索产品和体验产品），制定不同的信息性广告策略和定价策略。本章再次验证了消费者在利用在线评论对产品进行评估时，对搜索产品和体验产品的评估机制是不同的。因此，企业可以根据自己销售产品的类型，制定相应的信息性广告策略和定价策略。第三，对于搜索产品来说，在线评论的存在不总是对企业有利。当在线评论揭示的两个产品的质量差异比没有在线评论时消费者对两个产品质量差异的评估要小，在线评论的存在使得企业定价、企业信息性广告强度和企业利润都降低，此时，在线评论的存在对企业产生不利的影响。

第 5 章
不对称竞争中企业在线评论
操控决策分析①

5.1 引　言

在线评论是消费者网络购物时了解产品信息的重要渠道，并在消费者购物决策中起到了重要的作用（Chevalier & Mayzlin，2006；Liu，2006；Dellarocas et al.，2007；Duan et al.，2008；Forman et al.，2008；Chen & Xie，2008；Zhu & Zhang，2010；Jabr & Zheng，2014）。在携程上，在线评论得分提高10%，酒店的收益就可以增加4.4%（Ye et al.，2009）；在美国评论网站（Yelp.com）上，在线评论得分下降一颗星，就会导致餐馆的利润下降5%～9%（Luca & Zervas，2016）。这种在线评论的金钱效应促使企业进行在线评论操控（Mayzlin et al.，2014）。即使在线评论过滤算法存在的情况下，仍有15%～30%的在线评论是被操控的（Luca & Zervas，2016；Lappas et al.，2016）。

在本章，我们主要研究竞争企业以自我推销方式进行在线评论操控的影

① 本章主要内容已发表，见：Cao H H. Online Review Manipulation by Asymmetrical Firms：Is a Firm's Manipulation of Online Reviews Always Detrimental to its Competitor？ [J]. Information & Management，2020，57（6）：1–16。

响。之前有学者在垄断情况下研究过企业战略性的操控决策（Mayzlin，2006；Dellarocas，2006），我们认为，在竞争市场中，不同企业的操控决策会有不同，在线评论操控带来的收益也会有不同。一些实证研究证实了我们的想法：卢卡和泽瓦斯（Luca & Zervas，2016）指出声誉较低的企业更有可能进行线评论操控，这就说明声誉高的企业与声誉低的企业进行在线评论操控的动机不同；梅兹林等（Mayzlin et al.，2014）指出独立酒店的在线评论操控的收益最高但连锁酒店的在线评论操控的收益最低，这就说明不同企业从在线评论操控中获得的收益也是不同的。因此，在本章，我们研究的是不对称的竞争企业：优质企业和劣质企业，尝试分析以下研究问题：第一，一个企业的在线评论操控是否总是会损害其竞争对手的利益？或者，谁能从在线评论操控中获利？优质企业还是劣质企业，或者两者都能？第二，如果企业可以选择是否操控在线评论，谁会操控在线评论？优质企业还是劣质企业，或者两者都会？

　　与前人的研究相比，本章研究的创新点在于，为在线评论操控建模提供了一个框架。在德拉罗卡斯（Dellarocas，2006）的研究中，即使消费者知道在线评论操控的存在，消费者对待被操控的在线评论与对待未被操控的在线评论是一样的，都是通过贝叶斯学习更新自己对产品的感知评价；在年等（Nian et al.，2017）的研究中，仅考虑了在线评论操控的正面效应，即操控的在线评论对提高消费者对该企业产品的感知评价。然而，在本章的研究中，除了在线评论的正面效应，我们也可虑在线评论可能的负面效应，即在线评论操控的存在使得在线评论的可信性降低。

5.2　模 型 假 设

5.2.1　消费者效用

我们考虑两个竞争企业，企业 A 和企业 B，以及一个单位的具有异质偏好的消费者。我们假设两个竞争企业通过一个电子市场平台销售可替代的产品，企业 A 销售产品 A，企业 B 销售产品 B。每个产品有质量属性和匹配属性。一个产品的质量决定消费者可以从该产品中获取的最大价值，用 x_i，$i \in \{A, B\}$ 表示。一个产品对于不同的消费者具有不同的不匹配程度，具体来说，我们假设两个产品位于单位长度的霍特林线两端，产品 A 位于位置 0，产品 B 位于位置 1，消费者均匀地分布在霍特林线上。产品与消费者之间的距离衡量的是这个产品对于消费者的不匹配程度，其中单位不匹配成本为 t。所以，对于一个对产品 A 的不匹配程度为 λ 的消费者，我们可以得出其从产品 A 和产品 B 中获取的净效用，如公式（5 - 1）所示：

$$\begin{cases} V_A = x_A - \lambda t - p_A \\ V_B = x_B - (1 - \lambda) t - p_B \end{cases} \tag{5-1}$$

因此，对于一个对产品 A 的不匹配程度为 λ 的消费者，从产品 A 和产品 B 获取的净效用的差异如公式（5 - 2）所示：

$$V_A - V_B = (x_A - x_B) + (1 - 2\lambda) t - (p_A - p_B) \tag{5-2}$$

其中，$x_A - x_B$ 表示为两产品的真实质量差异，λ 为消费者与产品 A 的真实不匹配程度。我们假设两产品的真实质量差异为零（即 $x_A - x_B = 0$）（Li et al.，2020）。一单位连续变化的消费者具有不同的真实不匹配程度 λ，满足 [0，1] 上的均匀分布。

在经济学文献中，有两类产品被广泛探讨：搜索产品和体验产品（Nelson，1970；Garvin，1984；Sutton，1986）。根据夸克等（Kwark et al.，2017），搜索产品（如数码相机、硬件等）主要是基于客观的指标进行评估，如产品性能、可靠性及持久性等，是质量属性主导匹配属性的产品（Garvin，1984）；而体验产品（如珠宝、视频游戏等）主要是基于主观的指标进行评估，如美观、特色等，是匹配属性主导质量属性的产品（Sutton，1986）。质量属性主导匹配属性的产品往往质量属性在消费者感知效用中起到决定性的作用，也就是说，存在消费者，与产品 A 的匹配度很低，但是从产品 A 中获得的净效用比从产品 B 中获得的净效用高，这是因为这部分的消费者在质量维度的评估偏向于产品 A（Kwark et al.，2017）。同样地，匹配属性主导质量属性的产品往往匹配属性在消费者感知效用中起到决定性的作用。

在本章的研究中，我们主要关注搜索产品（即质量属性主导匹配属性的产品），主要原因如下：第一，企业的在线评论操控主要操控的是产品的质量维度。企业自我推销式的在线评论操控总是通过提高在线评论得分来操控在线评论，而在线评论得分是产品质量的一种体现（Mayzlin et al.，2014；Nie，2019）。而质量维度的在线评论操控对匹配属性主导质量属性的产品来说影响较小。因为在匹配属性主导质量属性情形下，无论产品的质量如何，消费者总是选择与自己最为匹配的产品（Kwark et al.，2017）。第二，企业在匹配维度的在线评论操控往往会增加一部分消费者与产品匹配度，但也一定会降低另一部分消费者与产品的匹配度，因为在质量维度消费者总是偏好高质量的产品，但在匹配维度每个消费者的偏好是不同的。

5.2.2 未被操控的在线评论

消费者对两个产品的质量都是不确定的。在线评论不存在的情况下，根据产品描述和其他信息源，每个消费者形成自己对两产品质量差异的评估。令 x_C 为一个消费者根据产品描述和其他信息源形成的自己对两产品质量差异的评估。不同的消费者对两产品的质量差异的评估不同，即 x_C 的值不同。我们假设，从消费者总体层面来说，所有消费者的感知质量差异服从 [$-\epsilon$，ϵ] 的均匀分布，为了方便起见，我们将 ϵ 标准化为 1。

在线评论提供关于产品的公共信息，消费者可以利用在线评论的信息来评估两产品的质量差异。令 x_R 为未被操控的在线评论所揭示的两产品的质量差异，而且这个质量差异对所有消费者来说都是相同的。未被操控的在线评论存在的情况下，消费者结合未被操控的在线评论给出的两产品的质量差异 x_R 和消费者根据产品描述和其他信息源形成的自己对两产品质量差异的评估 x_C 形成对两产品新的评估。利用最小方差估计（Bates & Granger，1969），消费者期望两产品质量差异为 $\gamma_C x_C + (1 - \gamma_C) x_R$，其中 $\gamma_C \in (0，1)$。γ_C 的大小取决于未被操控的在线评论与产品描述和其他信息源之间的信息源的相对准确度，也就是说，当未被操控的在线评论的准确度高的时候，消费者会更依赖在线评论所揭示的两产品的质量差异；当未被操控的在线评论的准确度低的时候，消费者会更依赖从产品描述和其他信息源中得出的自己对两产品的质量差异。消费者因为未被操控的在线评论提供的额外信息调整了对两产品质量差异的评估，而未被操控的在线评论对消费者的影响程度取决于消费者对自己的评估和未被操控的在线评论的评估的相对信任程度。

当 $x_R = 0$，未被操控的在线评论揭示的产品 A 的质量与产品 B 的质量相同；当 $x_R > 0$，未被操控的在线评论揭示的产品 A 的质量大于产品 B 的质量。由于对称性，我们仅考虑 $x_R \geq 0$ 的情况，我们将企业 A 称为优质企业，企业 B 称为劣质企业。值得注意的是，即使两个产品的真实质量是相同的，未被操控的在线评论揭示的两产品的质量也有可能有差异。这是因为，未被操控的在线评论不仅仅由产品质量所决定，还受到其他因素的影响，例如，消费者购买前的产品期望价值（Liu，2006）、已有的在线评论（Li & Hitt，2008）等。即使同样的产品也会得到不同的在线评论得分，如同一本书在亚马逊上销售和在巴诺上销售获得的在线评论得分不同（Chevalier & Mayzlin，2006），同一家酒店在携程上销售和在艺龙上销售获得的在线评论得分也不同（Chen et al.，2019）。因此，未被操控的在线评论存在的情况下，消费者的两产品的期望净效用差异如公式（5-3）所示：

$$E(V_A - V_B \mid x_C) = \gamma_C x_C + (1 - \gamma_C) x_R + (1 - 2\lambda)t - (p_A - p_B) \qquad (5-3)$$

5.2.3 被操控的在线评论

企业可以通过操控在线评论来改变由在线评论所揭示的两产品的质量差异。我们假设发布关于竞争对手的负面评论与发布关于自己的正面评论是等价的（Mayzlin，2006；Dellarocas，2006）。因此，我们仅考虑企业通过在线评论操控来提高由在线评论所揭示的自己企业产品的质量。令 e_A 为企业 A 通过在线评论操控获得的由在线评论所揭示的企业 A 产品质量的提高值，e_B 为企业 B 通过在线评论操控获得的由在线评论所揭示的企业 B 产品质量的提高值。因此，在仅优质企业操控的情况下，在线评论所揭示的两产品质量差异为 $x_R + e_A$；在仅劣质企业操控的情况下，在线评论所揭示的两产品质量差异为 $x_R - e_B$；在两个企业都操控的情况下，在线评论所揭示的两产品质量差异为 $x_R + e_A - e_B$。其中 e_i，$i \in \{A, B\}$ 也可以表示为企业的在线评论操控努力。操控努力为 e_i 的企业 i 需要花费操控成本为 μe_i^2，其中 μ 衡量的是在线评论操控的单位成本。

在线评论操控存在的情况下，在线评论的可信性降低。在大多数情况下，消费者是知道有些在线评论被操控了，但是消费者无法识别具体哪些在线评论是被操控的在线评论。因此，消费者对在线评论的信任程度降低了，消费者会更加依赖自己对产品的评估。在线评论操控存在的情况下，令 $\gamma_M (\gamma_M > \gamma_C)$ 为消费者对自己形成的产品评估的信任程度。因此，在线评论操控存在的情况下（即 $x_R + \theta_1 e_A - \theta_2 e_B$），消费者的两产品的期望净效用差异如公式（5-4）所示：

$$E(V_A - V_B \mid x_c) = \gamma_M x_C + (1 - \gamma_M)(x_R + \theta_1 e_A - \theta_2 e_B) + (1 - 2\lambda)t - (p_A - p_B)$$

$$(5-4)$$

其中，$(\theta_1, \theta_2) \in \{(0, 1), (1, 0), (1, 1)\}$，$(0, 1)$ 代表的是仅劣质企业操控的情况，$(1, 0)$ 代表的是仅优质企业操控的情况，$(1, 1)$ 代表的是两个企业都操控的情况。

5.2.4 博弈时序

本模型的博弈时序如下：在第一阶段，企业决定是否进行在线评论操控；在第二阶段，两企业同时设定价格 p_i 和操控努力 e_i（企业 i 决定进行在线评论操控时）；在第三阶段，消费者做出购买决策。在本章的研究中，我们考虑 4 种情形：没有企业操控的情形、仅劣质企业操控的情形、仅优质企业操控的情形和两企业都操控的情形。我们以没有企业操控的情形作为基准模型来分析在线评论操控的影响。表 5-1 为本章用到的公式中符号的约定。

表 5 – 1   符号约定

符号	定义
i	产品或企业的索引
x_i	产品 i 的真实质量
λ	消费者与产品 A 之间的不匹配程度
t	单位不匹配成本
p_i	产品 i 的价格
V_i	消费者从产品 i 中获取的净效用
e_i	企业 i 的操控努力
μ	单位操控成本
x_C	在线评论不存在的情况下，消费者感知产品 A 和产品 B 的质量差异
x_R	未被操控在线评论所揭示的产品 A 和产品 B 的质量差异
γ_C	在线评论操控不存在的情况下，消费者对自己形成的产品评估的信任程度或权重
γ_M	在线评论操控存在的情况下，消费者对自己形成的产品评估的信任程度或权重
D_i	产品 i 的需求
D_{iN}	没有企业操控的情形下产品 i 的需求
π_{iN}	没有企业操控的情形下企业 i 的利润
D_{iI}	仅劣质企业操控的情形下产品 i 的需求
π_{iI}	仅劣质企业操控的情形下企业 i 的利润
D_{iS}	仅优质企业操控的情形下产品 i 的需求
π_{iS}	仅优质企业操控的情形下企业 i 的利润
D_{iB}	两企业都操控的情形下产品 i 的需求
π_{iB}	两企业都操控的情形下企业 i 的利润

5.2.5　需求函数

在博弈的最后阶段，消费者知道了两产品的期望效用差异。根据公式（5 – 3）和公式（5 – 4），我们可以将消费者的期望效应差异统一为公式（5 – 5）：

$$E(V_A - V_B \mid x_C) = \gamma x_C + (1 - \gamma)(x_R + \theta_1 e_A - \theta_2 e_B) + (1 - 2\lambda)t - (p_A - p_B)$$

$$(5 - 5)$$

其中，$(\gamma, \theta_1, \theta_2) \in \{(\gamma_C, 0, 0), (\gamma_M, 0, 1), (\gamma_M, 1, 0), (\gamma_M, 1, 1)\}$，$(\gamma_C, 0, 0)$ 代表的是没有企业操控的情形，$(\gamma_M, 0, 1)$ 代表的是仅劣质企业操控的情形，$(\gamma_M, 1, 0)$ 代表的是仅优质企业操控的情形，$(\gamma_M, 1, 1)$ 代表的是两企业都操控的情形。

在我们的模型中，我们假设两个企业通过电子市场平台销售可替代的搜索产品。因此，质量维度在决定两产品的消费者感知效用差异中起到主导作用。根据公式（5-5），如果消费者的感知质量差异高于 $[(p_A - p_B) - (1 - 2\lambda)t - (1 - \gamma)(x_R + \theta_1 e_A - \theta_2 e_B)]/\gamma$，则消费者从产品 A 中获得更高的净效用，如果消费者的感知质量差异低于 $[(p_A - p_B) - (1 - 2\lambda)t - (1 - \gamma)(x_R + \theta_1 e_A - \theta_2 e_B)]/\gamma$，则消费者从产品 B 中获得更高的净效用。因此，产品 A 的需求和产品 B 的需求如公式（5-6）所示：

$$D_A = \int_0^1 \int_{\frac{[(p_A - p_B) - (1 - 2\lambda)t - (1 - \gamma)(x_R + \theta_1 e_A - \theta_2 e_B)]}{\gamma}}^1 \frac{1}{2} \mathrm{d}x \mathrm{d}\lambda$$

$$= \frac{1}{2} - \frac{1}{2\gamma}[p_A - p_B - (1 - \gamma)(x_R + \theta_1 e_A - \theta_2 e_B)]$$

$$D_B = \int_0^1 \int_{-1}^{\frac{[(p_A - p_B) - (1 - 2\lambda)t - (1 - \gamma)(x_R + \theta_1 e_A - \theta_2 e_B)]}{\gamma}} \frac{1}{2} \mathrm{d}x \mathrm{d}\lambda$$

$$= \frac{1}{2} + \frac{1}{2\gamma}[p_A - p_B - (1 - \gamma)(x_R + \theta_1 e_A - \theta_2 e_B)] \qquad (5 - 6)$$

5.3 仅劣质企业操控的影响

5.3.1 基准模型（没有企业操控的情形）

在没有企业操控的情形下，从公式（5-6）可知，产品 A 的需求和产

B 的需求为:

$$D_{AN} = \frac{1}{2} - \frac{1}{2\gamma_C}[p_A - p_B - (1-\gamma_C)x_R]$$

$$D_{BN} = \frac{1}{2} + \frac{1}{2\gamma_C}[p_A - p_B - (1-\gamma_C)x_R]$$

在博弈的第二阶段,企业通过选择最优的价格使得企业的利润最大化,如公式(5-7)所示:

$$\max_{p_i}\pi_{iN} = p_i D_{iN} \tag{5-7}$$

根据一阶条件,我们可以得到企业的最优均衡价格。引理 5-1 总结了均衡结果。值得注意的是,引理 5-1 中的条件 $0 \leqslant x_R < \frac{3\gamma_C}{1-\gamma_C}$ 是为了保证在均衡情形下两个企业都还留在市场中。

引理 5-1:当没有企业操控的情况下,满足条件 $0 \leqslant x_R < \frac{3\gamma_C}{1-\gamma_C}$ 下,企业的均衡价格和均衡利润如下:

(a)价格:

$$\begin{cases} p_{AN}^* = \gamma_C + \dfrac{(1-\gamma_C)x_R}{3} \\ p_{BN}^* = \gamma_C - \dfrac{(1-\gamma_C)x_R}{3} \end{cases}$$

(b)利润:

$$\begin{cases} \pi_{AN}^* = \dfrac{[3\gamma_C + (1-\gamma_C)x_R]^2}{18\gamma_C} \\ \pi_{BN}^* = \dfrac{[3\gamma_C - (1-\gamma_C)x_R]^2}{18\gamma_C} \end{cases}$$

证明:求公式(5-7)的一阶条件如下:

$$\frac{\partial \pi_{AN}}{\partial p_A} = \frac{-2p_A + p_B + (1-\gamma_C)x_R + \gamma_C}{2\gamma_C} = 0$$

$$\frac{\partial \pi_{BN}}{\partial p_B} = \frac{p_A - 2p_B - (1-\gamma_C)x_R + \gamma_C}{2\gamma_C} = 0$$

根据以上的一阶条件，我们可以计算得到如下的均衡价格：

$$\begin{cases} p_{AN}^* = \gamma_C + \dfrac{(1-\gamma_C)x_R}{3} \\ p_{BN}^* = \gamma_C - \dfrac{(1-\gamma_C)x_R}{3} \end{cases}$$

我们感兴趣的是在均衡情形下两个企业都还留在市场中的情形，我们要求在均衡条件下两个企业的均衡价格都大于零，因此，我们得到条件 $0 \leqslant x_R < \dfrac{3\gamma_C}{1-\gamma_C}$。将均衡价格代入公式（5 – 7），我们就可以得到企业的均衡利润。**证毕。**

5.3.2 仅劣质企业操控的情形

在仅劣质企业操控的情形下，从公式（5 – 6）可知，产品 A 的需求和产品 B 的需求如下：

$$D_{AI} = \frac{1}{2} - \frac{1}{2\gamma_M}[p_A - p_B - (1-\gamma_M)(x_R - e_B)]$$

$$D_{BI} = \frac{1}{2} + \frac{1}{2\gamma_M}[p_A - p_B - (1-\gamma_M)(x_R - e_B)]$$

在博弈的第二阶段，企业通过选择最优的价格和最优的操控努力使得自己的利润最大化，如公式（5 – 8）所示：

$$\max_{p_A} \pi_{AI} = p_A D_{AI}$$

$$\max_{p_B, e_B} \pi_{BI} = p_B D_{BI} - \mu e_B^2 \tag{5 – 8}$$

根据一阶条件，我们得到均衡情况下的劣质企业的最优操控努力和两个企业的最优价格。引理 5 – 2 总结了均衡结果。值得注意的是，引理 5 – 2 中的条件 $\mu > \dfrac{(1-\gamma_M)^2}{6\gamma_M}$ 和 $0 \leqslant x_R < \dfrac{3\gamma_M}{1-\gamma_M}$ 是为了保证在均衡条件下两个企业都还留在市场中，劣质企业的在线评论操控不能将优质企业完全赶出市场。

引理 5 - 2：当仅劣质企业操控在线评论时，满足条件 $\mu > \dfrac{(1-\gamma_M)^2}{6\gamma_M}$ 和

$0 \leqslant x_R < \dfrac{3\gamma_M}{1-\gamma_M}$ 下，企业的均衡价格，劣质企业的均衡操控努力，和企业的均衡利润如下：

（a）价格：

$$
\begin{cases}
p_{AI}^* = 2\gamma_M - \dfrac{12\mu\gamma_M^2 - 4\mu\gamma_M(1-\gamma_M)x_R}{12\mu\gamma_M - (1-\gamma_M)^2} \\[4mm]
p_{BI}^* = \dfrac{12\mu\gamma_M^2 - 4\mu\gamma_M(1-\gamma_M)x_R}{12\mu\gamma_M - (1-\gamma_M)^2}
\end{cases}
$$

（b）劣质企业的操控努力：

$$
e_{BI}^* = \dfrac{(1-\gamma_M)[3\gamma_M - (1-\gamma_M)x_R]}{12\mu\gamma_M - (1-\gamma_M)^2}
$$

（c）利润：

$$
\begin{cases}
\pi_{AI}^* = \dfrac{2\gamma_M[2\mu(1-\gamma_M)x_R + 6\mu\gamma_M - (1-\gamma_M)^2]^2}{[12\mu\gamma_M - (1-\gamma_M)^2]^2} \\[4mm]
\pi_{BI}^* = \dfrac{\mu[8\mu\gamma_M - (1-\gamma_M)^2][3\gamma_M - (1-\gamma_M)x_R]^2}{[12\mu\gamma_M - (1-\gamma_M)^2]^2}
\end{cases}
$$

证明：求公式（5-8）的一阶条件如下：

$$
\frac{\partial \pi_{AI}}{\partial p_A} = \frac{-2p_A + p_B + (1-\gamma_M)x_R - (1-\gamma_M)e_B + \gamma_M}{2\gamma_M} = 0
$$

$$
\frac{\partial \pi_{BI}}{\partial p_B} = \frac{p_A - 2p_B - (1-\gamma_M)x_R + (1-\gamma_M)e_B + \gamma_M}{2\gamma_M} = 0
$$

$$
\frac{\partial \pi_{BI}}{\partial e_B} = \frac{p_B(1-\gamma_M)}{2\gamma_M} - 2\mu e_B = 0
$$

根据以上的一阶条件，我们可以计算得到如下的均衡价格和劣质企业的均衡操控努力：

$$\begin{cases} p_{AI}^* = 2\gamma_M - \dfrac{12\mu\gamma_M^2 - 4\mu\gamma_M(1-\gamma_M)x_R}{12\mu\gamma_M - (1-\gamma_M)^2} \\[4mm] p_{BI}^* = \dfrac{12\mu\gamma_M^2 - 4\mu\gamma_M(1-\gamma_M)x_R}{12\mu\gamma_M - (1-\gamma_M)^2} \end{cases}$$

$$e_{BI}^* = \frac{(1-\gamma_M)\left[3\gamma_M - (1-\gamma_M)x_R\right]}{12\mu\gamma_M - (1-\gamma_M)^2}$$

我们感兴趣的是在均衡情形下两个企业都还留在市场中的情形，因此，要求在均衡条件下两个企业的均衡价格都大于零，可以得到条件 $\mu > \dfrac{(1-\gamma_M)^2}{6\gamma_M}$ 和 $0 \leqslant x_R < \dfrac{3\gamma_M}{1-\gamma_M}$。将企业的均衡价格和劣质企业的均衡操控努力代入公式（5-8），我们可以得到企业的均衡利润。

值得注意的是，当 $\dfrac{(1-\gamma_M)^2}{8\gamma_M} < \mu \leqslant \dfrac{(1-\gamma_M)^2}{6\gamma_M}$ 时，劣质企业仍可以获得正的利润但优质企业被劣质企业完全赶出了市场。因此，在这种情况下，优质企业的需求为零，劣质企业的需求为1。然后，我们可以得到劣质企业的最优均衡价格为 $(1-\gamma_M)\left(\dfrac{1-\gamma_M}{2\mu} - x_R\right) - \gamma_M$，最优均衡操控努力为 $\dfrac{1-\gamma_M}{2\mu}$。所以，在这种情况下，优质企业的最优均衡利润为零，劣质企业的最优均衡利润为 $(1-\gamma_M)\left(\dfrac{1-\gamma_M}{2\mu} - x_R\right) - \gamma_M$。我们仅在第5.6节"企业操控决策"中讨论这种情况。**证毕。**

现在我们可以分析在优质企业不操控的情形下劣质企业的操控决策，从而得出仅劣质企业的在线评论操控对优质企业的影响，如定理5-1所示。

定理 5-1：在优质企业不操控的情形下，（a）劣质企业总是会操控在线评论（即 $\pi_{BI}^* > \pi_{BN}^*$）；（b）当且仅当 $0 \leqslant x_R < \min\left\{x_1, \dfrac{6\mu\gamma_M - (1-\gamma_M)^2}{2\mu(1-\gamma_M)}, \dfrac{3\gamma_C}{1-\gamma_C}\right\}$，仅劣质企业操控的情形下优质企业和劣质企业的利润比没有

企业操控的情形下都要高（即 $\pi_{iI}^* > \pi_{iN}^*$），其中 $x_1 = $

$$\frac{36\mu\gamma_M\sqrt{\gamma_C}(\sqrt{\gamma_M}-\sqrt{\gamma_C})-3\sqrt{\gamma_C}(2\sqrt{\gamma_M}-\sqrt{\gamma_C})(1-\gamma_M)^2}{12\mu[\gamma_M(1-\gamma_C)-(1-\gamma_M)\sqrt{\gamma_C\gamma_M}]-(1-\gamma_C)(1-\gamma_M)^2}。$$

证明：（a）假设优质企业不操控在线评论，当满足条件 $\pi_{BI} > \pi_{BN}$ 时，劣

质企业会操控在线评论。其中条件 $\mu > \dfrac{(1-\gamma_M)^2}{6\gamma_M}$ 和 $0 \leqslant x_R < \min\left\{\dfrac{3\gamma_C}{1-\gamma_C},\right.$

$\left.\dfrac{6\mu\gamma_M-(1-\gamma_M)^2}{2\mu(1-\gamma_M)}\right\}$ 是没有企业操控情形下和仅劣质企业操控情形下的公共可

行域，是为了保证没有企业操控情形下和仅劣质企业操控情形下是可比较的。

在条件 $\mu > \dfrac{(1-\gamma_M)^2}{6\gamma_M}$ 和 $0 \leqslant x_R < \min\left\{\dfrac{3\gamma_C}{1-\gamma_C}, \dfrac{6\mu\gamma_M-(1-\gamma_M)^2}{2\mu(1-\gamma_M)}\right\}$，我们可以得

到 π_{BI} 总是高于 π_{BN}。所以，如果优质企业不操控在线评论的话，劣质企业总

是会操控在线评论的。

（b）在仅劣质企业操控的情形下，若要两个企业的利润都比没有企业操控

的情形下高，则需要 $\pi_{BI} > \pi_{BN}$ 和 $\pi_{AI} > \pi_{AN}$ 同时满足。从定理 5－1（a）中可知，

π_{BI} 总是高于 π_{BN}。因此，我们只需要满足 $\pi_{AI} > \pi_{AN}$ 即可。经过计算，我们很容

易得到，当 $\mu > \dfrac{(2\sqrt{\gamma_M}-\sqrt{\gamma_C})(1-\gamma_M)^2}{12\gamma_M(\sqrt{\gamma_M}-\sqrt{\gamma_C})}$ 和 $0 \leqslant x_R < \min\left\{x_1, \dfrac{6\mu\gamma_M-(1-\gamma_M)^2}{2\mu(1-\gamma_M)},\right.$

$\left.\dfrac{3\gamma_C}{1-\gamma_C}\right\}$ 时，$\pi_{AI} > \pi_{AN}$ 得到满足。其中条件 $\mu > \dfrac{(2\sqrt{\gamma_M}-\sqrt{\gamma_C})(1-\gamma_M)^2}{12\gamma_M(\sqrt{\gamma_M}-\sqrt{\gamma_C})}$ 是为了

保证 x_1 是大于零的。因此，在仅劣质企业操控的情形下，当 $0 \leqslant x_R < \min$

$\left\{x_1, \dfrac{6\mu\gamma_M-(1-\gamma_M)^2}{2\mu(1-\gamma_M)}, \dfrac{3\gamma_C}{1-\gamma_C}\right\}$ 时，两个企业的利润都比没有企业操控的情

形下高。

值得注意的是，定理 5－1 的结果在 $\mu = \infty$ 的极端情况下也是成立的。

当 $\mu = \infty$，从 $e_{BI}^* = \dfrac{(1-\gamma_M)[3\gamma_M-(1-\gamma_M)x_R]}{12\mu\gamma_M-(1-\gamma_M)^2}$ 可知，劣质企业的操控努

力会变得极小，接近于零。因此，即使单位操控成本 μ 极大的情况下，

劣质企业的操控成本也接近于零，劣质企业仍可能从在线评论操控中获利。**证毕**。

定理 5-1（a）揭示了在优质企业不操控的情形下劣质企业操控在线评论总是有利可图。定理 5-1（b）揭示了仅劣质企业操控的情形下不一定会损害优质企业的利润，当 x_R 较小时，如图 5-1 中的区域 1，仅劣质企业操控不仅增加劣质企业的利润，也增加优质企业的利润；当 x_R 较大时，如图 5-1 中的区域 2，仅劣质企业操控只增加劣质企业的利润，但减少优质企业的利润。

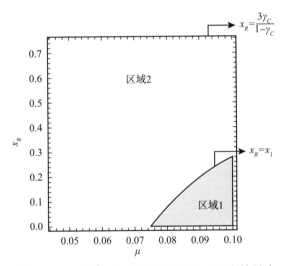

图 5-1　仅劣质企业操控情形下对企业利润的影响

注：$\gamma_C = 0.2$，$\gamma_M = 0.6$。

与没有企业操控的情形比较，在仅有劣质企业操控的情形下，有两个变化：第一，劣质企业实施了操控努力（即 $e_B > 0$）；第二，在仅有劣质企业操控的情形下，在线评论的可信性降低了，消费者会更加信任自己的评估而不是在线评论对产品的评估，也就是说消费者会分配更高的权重在自己的评估上，即从 γ_C 变到 γ_M。在仅有劣质企业操控的情形下，这两个改变产生了两个效应：

第一，劣质企业的操控一致地改变了每个消费者对两种产品之间感知质量差异，朝着有利于劣质企业的方向平移，我们称这个效应为均值平移效应，如图 5-2（a）和图 5-2（c）所示。均值平移效应有两个来源：第一个来源为劣质企业的操控努力（即 e_B），在不考虑劣质企业的操控改变消费者对在线评论的信任程度的情况下，与没有企业操控的情形相比，仅劣质企业操控的情形下，优质企业的潜在市场大小改变了 $-\frac{1}{2\gamma_C}(1-\gamma_C)e_B$（从 $\frac{1}{2}+\frac{1}{2\gamma_C}$ $(1-\gamma_C)x_R$ 变为 $\frac{1}{2}+\frac{1}{2\gamma_C}(1-\gamma_C)(x_R-e_B)$），劣质企业的潜在市场大小改变了 $\frac{1}{2\gamma_C}(1-\gamma_C)e_B$（从 $\frac{1}{2}-\frac{1}{2\gamma_C}(1-\gamma_C)x_R$ 变为 $\frac{1}{2}-\frac{1}{2\gamma_C}(1-\gamma_C)(x_R-e_B)$）；第二个来源为劣质企业的操控改变消费者对在线评论的信任程度，与不考虑劣质企业的操控改变消费者对在线评论的信任程度的情况相比，优质企业的潜在市场大小改变了 $-\frac{1}{2\gamma_C}(\gamma_M-\gamma_C)(x_R-e_B)$（从 $\frac{1}{2}+\frac{1}{2\gamma_C}(1-\gamma_C)(x_R-e_B)$ 变为 $\frac{1}{2}+\frac{1}{2\gamma_C}(1-\gamma_M)(x_R-e_B)$），劣质企业的潜在市场大小改变了 $\frac{1}{2\gamma_C}(\gamma_M-\gamma_C)(x_R-e_B)$（从 $\frac{1}{2}-\frac{1}{2\gamma_C}(1-\gamma_C)(x_R-e_B)$ 变为 $\frac{1}{2}-\frac{1}{2\gamma_C}(1-\gamma_M)(x_R-e_B)$）。

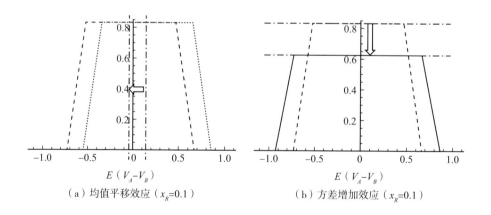

（a）均值平移效应（$x_R=0.1$）　（b）方差增加效应（$x_R=0.1$）

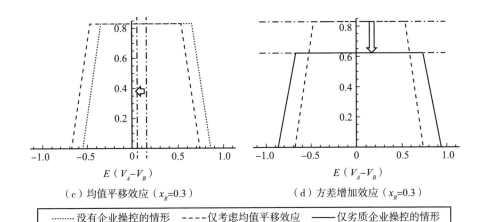

（c）均值平移效应（$x_R=0.3$）　　　　（d）方差增加效应（$x_R=0.3$）

········ 没有企业操控的情形　---- 仅考虑均值平移效应　—— 仅劣质企业操控的情形

图 5 - 2　仅劣质企业操控的情形下的均值平移效应和方差增加效应

注：$t=0.2$，$e_B=0.2$，$\gamma_C=0.5$，$\gamma_M=0.7$。

因此，总体来说，通过均值平移效应，优质企业的潜在市场大小改变了 $-\dfrac{1}{2\gamma_C}$ $[(1-\gamma_M)e_B+(\gamma_M-\gamma_C)x_R]$，劣质企业的潜在市场大小改变了 $\dfrac{1}{2\gamma_C}[(1-\gamma_M)$ $e_B+(\gamma_M-\gamma_C)x_R]$。

第二，在评估两个产品的质量差异时，每个消费者都结合自己对产品的质量评估和在线评论揭示的质量评估。在仅劣质企业操控的情况下，在线评论的可信性降低，消费者对自己评估的信任程度增加。由于消费者自己的评估服从 $[-1,1]$ 上的均匀分布，而在线评论揭示的两产品质量差异对所有消费者来说都是相同的，因此，仅劣质企业的在线评论操控增加了消费者感知质量差异的异质性，也就是说消费者感知质量差异的分布更加分散，我们称这个效应为方差增加效应，如图 5 - 2（b）和图 5 - 2（d）所示。因此，通过方差增加效应，优质企业的潜在市场大小改变了 $-\dfrac{(1-\gamma_M)(\gamma_M-\gamma_C)(x_R-e_B)}{2\gamma_C\gamma_M}$（从 $\dfrac{1}{2}+$ $\dfrac{1}{2\gamma_C}(1-\gamma_M)(x_R-e_B)$ 变为 $\dfrac{1}{2}+\dfrac{1}{2\gamma_M}(1-\gamma_M)(x_R-e_B)$），劣质企业的潜在市场大小改变了 $\dfrac{(1-\gamma_M)(\gamma_M-\gamma_C)(x_R-e_B)}{2\gamma_C\gamma_M}$（从 $\dfrac{1}{2}-\dfrac{1}{2\gamma_C}(1-\gamma_M)(x_R-e_B)$ 变为

$\frac{1}{2} - \frac{1}{2\gamma_M}(1 - \gamma_M)(x_R - e_B))$。

现在我们来看定理 5 - 1（a）的经济意义就很直观了。在仅劣质企业操控的情形下，劣质企业很大程度上受益于均值平移效应。当 $x_R \geqslant e_B$ 时，也就是说未被操控的在线评论揭示的两产品的质量差异较大，劣质企业不仅从均值平移效应中获利（即 $\frac{1}{2\gamma_C}[(1 - \gamma_M)e_B + (\gamma_M - \gamma_C)x_R] \geqslant 0$），而且从方差增值效应中也获利（即 $\frac{(1 - \gamma_M)(\gamma_M - \gamma_C)(x_R - e_B)}{2\gamma_C\gamma_M} \geqslant 0$）。当 $x_R < e_B$ 时，也就是说未被操控的在线评论揭示的两产品的质量差异较小，劣质企业从均值平移效应中获利（即 $\frac{1}{2\gamma_C}[(1 - \gamma_M)e_B + (\gamma_M - \gamma_C)x_R] \geqslant 0$），但从方差增值效应中受损（即 $\frac{(1 - \gamma_M)(\gamma_M - \gamma_C)(x_R - e_B)}{2\gamma_C\gamma_M} < 0$）。然而，劣质企业从均值平移效应中的获利高于从方差增值效应中的损失，这是因为，与未被操控的在线评论所揭示的两产品的质量差异（即 x_R）相比，通过劣质企业的在线评论操控改变的消费者的感知质量差异更显著。因此，总体来说，在仅劣质企业操控的情形下，劣质企业总是有利可图。

下面我们讨论定理 5 - 1（b）的经济意义。在仅劣质企业操控的情形下，优质企业总是从均值平移效应中损失利润。但是，通过方差增加效应，两个企业都会丢失一部分高偏好的消费者但获得一些低偏好的消费者，如图 5 - 2（b）和图 5 - 2（d）所示。然而，优质企业和劣质企业所获得的低偏好的消费者的数量是相同的，因此，优质企业是否可以从方差增加效应中获利取决于劣质企业与优质企业之间高偏好消费者的相对减少量。当 $x_R \geqslant e_B$ 时，也就是说由劣质企业操控引起的均值平移效应比由未被操控的在线评论引起的均值平移效应小，因此，优质企业损失的高偏好消费者比劣质企业损失的高偏好消费者要多（即 $-\frac{(1 - \gamma_M)(\gamma_M - \gamma_C)(x_R - e_B)}{2\gamma_C\gamma_M} \leqslant 0$），如图 5 - 2（d）所示。当 $x_R < e_B$ 时，也就是由劣质企业操控引起的均值平移效应比由未被操控

的在线评论引起的均值平移效应大，因此，优质企业损失的高偏好消费者比劣质企业损失的高偏好消费者要小（即 $-\dfrac{(1-\gamma_M)(\gamma_M-\gamma_C)(x_R-e_B)}{2\gamma_C\gamma_M}>0$），如图 5-2（b）所示。为了使得优质企业从方差增加效应中的获利大于从均值平移效应中的损失，x_R 必须足够小。因此，在仅劣质企业操控的情形下，当 x_R 足够小时，优质企业可以从仅劣质企业的在线评论操控中获利。总体来说，结合定理 5-1（a）的结论，我们可以很直观地知道，当仅劣质企业操控的情形下，只有当 x_R 足够小时，优质企业和劣质企业可以共同获利。

5.4 仅优质企业操控的影响

在仅优质企业操控的情形下，从公式（5-6）中可知，优质企业和劣质企业的需求如下：

$$D_{AS}=\frac{1}{2}-\frac{1}{2\gamma_M}[p_A-p_B-(1-\gamma_M)(x_R+e_A)]$$

$$D_{BS}=\frac{1}{2}+\frac{1}{2\gamma_M}[p_A-p_B-(1-\gamma_M)(x_R+e_A)]$$

在博弈的第二阶段，企业选择最优的价格和优质企业选择最优的操控努力使得企业的利润最大化，如公式（5-9）所示：

$$\max_{p_A,e_A}\pi_{AS}=p_A D_{AS}-\mu e_A^2$$

$$\max_{p_B}\pi_{BS}=p_B D_{BS} \tag{5-9}$$

根据一阶条件，我们得到均衡情况下的优质企业的最优操控努力和两个企业的最优价格。引理 5-3 总结了均衡结果。值得注意的是，引理 5-3 中的条件 $\mu>\dfrac{(1-\gamma_M)^2}{6\gamma_M}$ 和 $0\leqslant x_R<\dfrac{6\mu\gamma_M-(1-\gamma_M)^2}{2\mu(1-\gamma_M)}$ 是为了保证在均衡条件下两个企业都还留在市场中。

引理 5-3：当仅优质企业操控在线评论时，满足条件 $\mu>\dfrac{(1-\gamma_M)^2}{6\gamma_M}$ 和

$0 \leqslant x_R < \dfrac{6\mu\gamma_M - (1-\gamma_M)^2}{2\mu(1-\gamma_M)}$ 下，企业的均衡价格，优质企业的均衡操控努力，

和企业的均衡利润如下：

（a）价格：

$$\begin{cases} p_{AS}^* = \dfrac{12\mu\gamma_M^2 + 4\mu\gamma_M(1-\gamma_M)x_R}{12\mu\gamma_M - (1-\gamma_M)^2} \\[3mm] p_{BS}^* = 2\gamma_M - \dfrac{12\mu\gamma_M^2 + 4\mu\gamma_M(1-\gamma_M)x_R}{12\mu\gamma_M - (1-\gamma_M)^2} \end{cases}$$

（b）优质企业的操控努力：

$$e_{AS}^* = \dfrac{(1-\gamma_M)\left[3\gamma_M + (1-\gamma_M)x_R\right]}{12\mu\gamma_M - (1-\gamma_M)^2}$$

（c）利润：

$$\begin{cases} \pi_{AS}^* = \dfrac{\mu\left[8\mu\gamma_M - (1-\gamma_M)^2\right]\left[3\gamma_M + (1-\gamma_M)x_R\right]^2}{\left[12\mu\gamma_M - (1-\gamma_M)^2\right]^2} \\[3mm] \pi_{BS}^* = \dfrac{2\gamma_M\left[2\mu(1-\gamma_M)x_R - 6\mu\gamma_M + (1-\gamma_M)^2\right]^2}{\left[12\mu\gamma_M - (1-\gamma_M)^2\right]^2} \end{cases}$$

证明： 求公式（5-9）的一阶条件如下：

$$\frac{\partial \pi_{AS}}{\partial p_A} = \frac{e_A - 2p_A + p_B + (1-\gamma_M)x_R + (1-e_A)\gamma_M}{2\gamma_M} = 0$$

$$\frac{\partial \pi_{AS}}{\partial e_A} = \frac{p_A(1-\gamma_M)}{2\gamma_M} - 2\mu e_A = 0$$

$$\frac{\partial \pi_{BS}}{\partial p_B} = \frac{p_A - 2p_B - e_A(1-\gamma_M) - (1-\gamma_M)x_R + \gamma_M}{2\gamma_M} = 0$$

根据以上的一阶条件，我们可以计算得到如下的企业均衡价格和优质企业的均衡操控努力：

$$\begin{cases} p_{AS}^* = \dfrac{12\mu\gamma_M^2 + 4\mu\gamma_M(1-\gamma_M)x_R}{12\mu\gamma_M - (1-\gamma_M)^2} \\[3mm] p_{BS}^* = 2\gamma_M - \dfrac{12\mu\gamma_M^2 + 4\mu\gamma_M(1-\gamma_M)x_R}{12\mu\gamma_M - (1-\gamma_M)^2} \end{cases}$$

$$e_{AS}^* = \frac{(1-\gamma_M)[3\gamma_M + (1-\gamma_M)x_R]}{12\mu\gamma_M - (1-\gamma_M)^2}$$

我们感兴趣的是在均衡情形下两个企业都还留在市场中的情形，因此，要求在均衡条件下两个企业的均衡价格都大于零，可以得到条件 $\mu > \frac{(1-\gamma_M)^2}{6\gamma_M}$ 和

$0 \leqslant x_R < \frac{6\mu\gamma_M - (1-\gamma_M)^2}{2\mu(1-\gamma_M)}$。将企业的均衡价格和优质企业的均衡操控努力代入公式（5-9），我们可以得到企业的均衡利润。

值得注意的是，当 $\frac{(1-\gamma_M)^2}{8\gamma_M} < \mu \leqslant \frac{(1-\gamma_M)^2}{6\gamma_M}$ 时，优质企业仍可以获得正的利润但劣质企业被优质企业完全赶出了市场。因此，在这种情况下，劣质企业的需求为零，优质企业的需求为1。然后，我们可以得到优质企业的最优均衡价格为 $(1-\gamma_M)\left(x_R + \frac{1-\gamma_M}{2\mu}\right) - \gamma_M$，最优均衡操控努力为 $\frac{1-\gamma_M}{2\mu}$。所以，在这种情况下，劣质企业的最优均衡利润为零，优质企业的最优均衡利润为 $(1-\gamma_M)\left(x_R + \frac{1-\gamma_M}{2\mu}\right) - \gamma_M$。我们仅在第5.6节"企业操控决策"中讨论这种情况。**证毕。**

现在我们可以分析在劣质企业不操控的情形下优质企业的操控决策，从而得出仅优质企业的在线评论操控对劣质企业的影响，如定理5-2所示。

定理5-2：在劣质企业不操控的情形下，（a）优质企业会操控在线评论（即 $\pi_{AS}^* > \pi_{AN}^*$）当且仅当 $0 \leqslant x_R < \min\left\{x_2, \frac{3\gamma_C}{1-\gamma_C}, \frac{6\mu\gamma_M - (1-\gamma_M)^2}{2\mu(1-\gamma_M)}\right\}$；（b）当

且仅当 $\mu \geqslant \max\left\{\frac{(1-\gamma_M)^2}{6\gamma_M}, \frac{(1-\gamma_C)(1-\gamma_M)^2}{12[\gamma_M(1-\gamma_C) - (1-\gamma_M)\sqrt{\gamma_C\gamma_M}]}\right\}$ 和 $\max\{0,$

$x_3\} < x_R < \min\left\{x_2, \frac{3\gamma_C}{1-\gamma_C}, \frac{6\mu\gamma_M - (1-\gamma_M)^2}{2\mu(1-\gamma_M)}\right\}$ 时，仅优质企业操控的情形下优质企业和劣质企业的利润比没有企业操控的情形下都要高（即 $\pi_{iS}^* > \pi_{iN}^*$），

其中 $x_2 = \dfrac{3\gamma_M\sqrt{18\mu\gamma_C[8\mu\gamma_M - (1-\gamma_M)^2]} - 3\gamma_C[12\mu\gamma_M - (1-\gamma_M)^2]}{(1-\gamma_C)[12\mu\gamma_M - (1-\gamma_M)^2] - (1-\gamma_M)\sqrt{18\mu\gamma_C[8\mu\gamma_M - (1-\gamma_M)^2]}}$

和 $x_3 = \dfrac{36\mu\gamma_M\sqrt{\gamma_C}(\sqrt{\gamma_M}-\sqrt{\gamma_C})-3\sqrt{\gamma_C}(2\sqrt{\gamma_M}-\sqrt{\gamma_C})(1-\gamma_M)^2}{12[\gamma_M(1-\gamma_C)-(1-\gamma_M)\sqrt{\gamma_C\gamma_M}]+(1-\gamma_C)(1-\gamma_M)^2}$。

证明：（a）假设劣质企业不操控在线评论，当满足条件 $\pi_{AS} > \pi_{AN}$ 时，优质企业会操控在线评论。其中条件 $\mu > \dfrac{(1-\gamma_M)^2}{6\gamma_M}$ 和 $0 \leqslant x_R < \min\left\{\dfrac{3\gamma_C}{1-\gamma_C},\right.$ $\left.\dfrac{6\mu\gamma_M-(1-\gamma_M)^2}{2\mu(1-\gamma_M)}\right\}$ 是没有企业操控情形下和仅优质企业操控情形下的公共可行域，是为了保证没有企业操控情形下和仅优质企业操控情形下是可比较的。在条件 $\mu > \dfrac{(1-\gamma_M)^2}{6\gamma_M}$ 和 $0 \leqslant x_R < \min\left\{\dfrac{3\gamma_C}{1-\gamma_C},\dfrac{6\mu\gamma_M-(1-\gamma_M)^2}{2\mu(1-\gamma_M)}\right\}$ 下，令 $\pi_{AS} > \pi_{AN}$，我们可以得到 $x_R < x_2$。因此，如果劣质企业不操控在线评论的话，当满足 $\mu > \dfrac{(1-\gamma_M)^2}{6\gamma_M}$ 和 $0 \leqslant x_R < \min\left\{x_2,\dfrac{3\gamma_C}{1-\gamma_C},\dfrac{6\mu\gamma_M-(1-\gamma_M)^2}{2\mu(1-\gamma_M)}\right\}$ 的条件下，优质企业会操控在线评论的。

（b）在仅优质企业操控的情形下，若要两个企业的利润都比没有企业操控的情形下高，则需要 $\pi_{AS} > \pi_{AN}$ 和 $\pi_{BS} > \pi_{BN}$ 同时满足。从定理 5-2（a）中可知，当满足 $\mu > \dfrac{(1-\gamma_M)^2}{6\gamma_M}$ 和 $0 \leqslant x_R < \min\left\{x_2,\dfrac{3\gamma_C}{1-\gamma_C},\dfrac{6\mu\gamma_M-(1-\gamma_M)^2}{2\mu(1-\gamma_M)}\right\}$ 的条件下，π_{AS} 会大于 π_{AN}。因此，在条件 $\mu > \dfrac{(1-\gamma_M)^2}{6\gamma_M}$ 和 $0 \leqslant x_R < \min\left\{\dfrac{3\gamma_C}{1-\gamma_C},\right.$ $\left.\dfrac{6\mu\gamma_M-(1-\gamma_M)^2}{2\mu(1-\gamma_M)}\right\}$ 下，令 $\pi_{BS} > \pi_{BN}$，我们得到两种情况：第一，当 $\max\left\{\dfrac{(1-\gamma_M)^2}{6\gamma_M},\dfrac{(1-\gamma_C)(1-\gamma_M)^2}{12[\gamma_M(1-\gamma_C)-(1-\gamma_M)\sqrt{\gamma_C\gamma_M}]}\right\} < \mu < \dfrac{(2\sqrt{\gamma_M}-\sqrt{\gamma_C})(1-\gamma_M)^2}{12\gamma_M(\sqrt{\gamma_M}-\sqrt{\gamma_C})}$ 和 $x_R > x_3$；第二，当 $\mu > \dfrac{(2\sqrt{\gamma_M}-\sqrt{\gamma_C})(1-\gamma_M)^2}{12\gamma_M(\sqrt{\gamma_M}-\sqrt{\gamma_C})}$ 和 $x_R > 0$。因此，在仅优质企业操控的情形下，当且仅当 $\mu > \max\left\{\dfrac{(1-\gamma_M)^2}{6\gamma_M},\dfrac{(1-\gamma_C)(1-\gamma_M)^2}{12[\gamma_M(1-\gamma_C)-(1-\gamma_M)\sqrt{\gamma_C\gamma_M}]}\right\}$ 和

$\max\{0,\ x_3\} < x_R < \min\left\{x_2,\ \dfrac{3\gamma_C}{1-\gamma_C},\ \dfrac{6\mu\gamma_M-(1-\gamma_M)^2}{2\mu(1-\gamma_M)}\right\}$ 时，两个企业的利润都比没有企业操控的情形下高。

值得注意的是，定理 5 - 2 的结果在 $\mu=\infty$ 的极端情况下也是成立的。当 $\mu=\infty$，从 $e_{AS}^* = \dfrac{(1-\gamma_M)[3\gamma_M+(1-\gamma_M)x_R]}{12\mu\gamma_M-(1-\gamma_M)^2}$ 可知，优质企业的操控努力会变得极小，接近于零。因此，即使单位操控成本 μ 极大的情况下，劣质企业的操控成本也接近于零，优质企业仍可能从在线评论操控中获利。**证毕**。

定理 5 - 2（a）揭示了，当未被操控的在线评论所揭示的两产品的差异稍微有利于产品 A 时，仅优质企业操控情形下优质企业是有利可图的。定理 5 - 2（b）揭示了仅优质企业操控的情形下不一定会损害劣质企业的利润，当 μ 较大和 x_R 中等时，如图 5 - 3 中的区域 1，仅优质企业操控不仅增加优质企业的利润，也增加劣质企业的利润；当 μ 较小和 x_R 也较小时，如图 5 - 3 中区域 2，仅优质企业操控只增加优质企业的利润；当 μ 较大和 x_R 也较大时，如图 5 - 3 中区域 3，仅优质企业操控只增加劣质企业的利润。

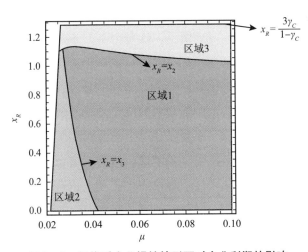

图 5 - 3 仅优质企业操控情形下对企业利润的影响

注：$\gamma_C=0.3$，$\gamma_M=0.7$。

在仅优质企业操控的情形下，通过均值平移效应，如图 5 - 4（a）和图 5 - 4（c）所示，优质企业的潜在市场大小改变了 $\frac{1}{2\gamma_C}\left[(1-\gamma_M)e_A - (\gamma_M - \gamma_C)x_R\right]$（从 $\frac{1}{2} + \frac{1}{2\gamma_C}(1-\gamma_C)x_R$ 变为 $\frac{1}{2} + \frac{1}{2\gamma_C}(1-\gamma_M)(x_R + e_A)$），劣质企业的潜在市场大小改变了 $\frac{1}{2\gamma_C}\left[(\gamma_M - \gamma_C)x_R - (1-\gamma_M)e_A\right]$（从 $\frac{1}{2} - \frac{1}{2\gamma_C}(1-\gamma_C)x_R$ 变为 $\frac{1}{2} - \frac{1}{2\gamma_C}(1-\gamma_M)(x_R + e_A)$）；通过方差增加效应，如图 5 - 4（b）和图 5 - 4（d）所示，优质企业的潜在市场大小改变了 $-\frac{(\gamma_M - \gamma_C)(1-\gamma_M)(x_R + e_A)}{2\gamma_C\gamma_M}$（从 $\frac{1}{2} + \frac{1}{2\gamma_C}(1-\gamma_M)(x_R + e_A)$ 变为 $\frac{1}{2} + \frac{1}{2\gamma_M}(1-\gamma_M)(x_R + e_A)$），劣质企业的潜在市场大小改变了 $\frac{(\gamma_M - \gamma_C)(1-\gamma_M)(x_R + e_A)}{2\gamma_C\gamma_M}$（从 $\frac{1}{2} - \frac{1}{2\gamma_C}(1-\gamma_M)(x_R + e_A)$ 变为 $\frac{1}{2} - \frac{1}{2\gamma_M}(1-\gamma_M)(x_R + e_A)$）。

现在我们来讨论定理 5 - 2（a）的经济意义。在仅优质企业操控的情形下，优质企业总是从方差增加效应中损失利润（即 $-\frac{(\gamma_M - \gamma_C)(1-\gamma_M)(x_R + e_A)}{2\gamma_C\gamma_M} < 0$），如图 5 - 4（b）和图 5 - 4（d）所示。这是因为，未被操控的在线评论所揭示的两产品的质量差异有利于产品 A，而且优质企业又对在线评论进行了操控，所以优质企业损失的高偏好消费者比劣质企业要多。因此，优质企业是否能够从仅优质企业操控的情形下获利取决于均值平移效应的大小。正如我们前面提到过的一样，均值平移效应有两个来源：优质企业的操控努力（即 e_A）和消费者对自己评估信任程度的增加。然而，结合这两个均值平移效应的来源，优质企业有可能从均值平移效应中获利，也有可能从均值平移效应中损失利益。只有当 $x_R < \frac{(1-\gamma_M)e_A}{\gamma_M - \gamma_C}$ 时，优质企业才有可能从均值平移效应中获利。因此，在仅优质企业操控的情形下，只有当 x_R 足够小，优质企业进行在线评论操控才有利可图。

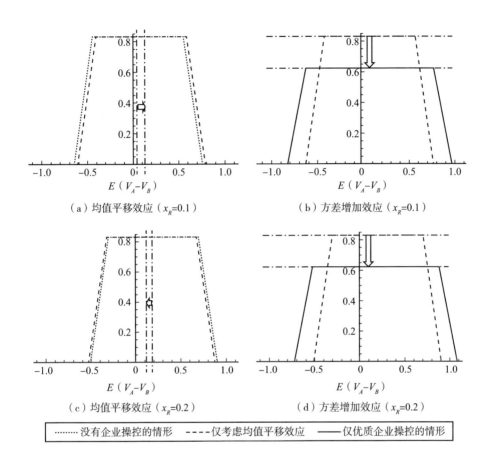

（a）均值平移效应（$x_R=0.1$）　　　　（b）方差增加效应（$x_R=0.1$）

（c）均值平移效应（$x_R=0.2$）　　　　（d）方差增加效应（$x_R=0.2$）

┈┈ 没有企业操控的情形　　╌╌ 仅考虑均值平移效应　　── 仅优质企业操控的情形

图 5-4　仅优质企业操控的情形下均值平移效应和方差增加效应

注：$t=0.2$，$e_A=0.2$，$\gamma_C=0.5$，$\gamma_M=0.7$。

下面定理 5-2（b）的经济意义就更直观了。首先，为了让劣质企业从仅优质企业操控中获利，μ 的值不能太小。这是因为，优质企业的操控努力（即 e_{AS}^*）随着单位操控成本（即 μ）的增加而减少。因此，当 μ 较小的时候，优质企业的操控努力（即 e_{AS}^*）会较大。此时，劣质企业的利润会因为均值平移效应而极大地减少。其次，为了让劣质企业从仅优质企业操控中获利，x_R 的值不能太小。在仅优质企业操控的情形下，劣质企业总是从方差增加效应中获利（即 $\dfrac{(\gamma_M - \gamma_C)(1 - \gamma_M)(x_R + e_A)}{2\gamma_C\gamma_M} > 0$），如图 5 - 4（b）和图 5 - 4（d）

所示，而劣质企业要从均值平移效应中获利，需要满足 $x_R \geqslant \dfrac{(1 - \gamma_M)e_A}{\gamma_M - \gamma_C}$。因

此，在仅优质企业操控的情形下，劣质企业的利润要高于没有企业操控的情形下，x_R 的值不能太小。结合定理 5 - 2（a）的结论，我们很直观地就可以知道，在仅优质企业操控的情形下，当 μ 较大和 x_R 中等时，优质企业和劣质企业的利润都高于没有企业操控的情形。

5.5 两企业共同操控的影响

在两企业都操控的情形下，从公式（5 - 6）可知，优质企业和劣质企业的需求如下：

$$D_{AB} = \frac{1}{2} - \frac{1}{2\gamma_M}\left[p_A - p_B - (1 - \gamma_M)(x_R + e_A - e_B)\right]$$

$$D_{BB} = \frac{1}{2} + \frac{1}{2\gamma_M}\left[p_A - p_B - (1 - \gamma_M)(x_R + e_A - e_B)\right]$$

在博弈的第二阶段，企业选择最优的价格和最优的操控努力使得他们的利润最大化，如公式（5 - 10）所示：

$$\max_{p_A, e_A}\pi_{AB} = p_A D_{AB} - \mu e_A^2$$

$$\max_{p_B, e_B}\pi_{BB} = p_B D_{BB} - \mu e_B^2 \qquad (5 - 10)$$

根据一阶条件，我们可以计算得到两企业的均衡价格和均衡操控努力。引理 5 - 4 总结了均衡结果。

引理 5 - 4：当两企业都操控在线评论时，两企业的均衡价格、均衡操控努力和均衡利润如表 5 - 2 所示。

表 5 - 2　两企业都操控情形下的均衡结果

范围	均衡价格	均衡操控努力	均衡利润
$\mu > \dfrac{(1-\gamma_M)^2}{6\gamma_M}$ 和 $0 \leq x_R < \dfrac{6\mu\gamma_M - (1-\gamma_M)^2}{2\mu(1-\gamma_M)}$	$p_{AB}^* = \gamma_M + \dfrac{2\mu x_R(1-\gamma_M)\gamma_M}{6\mu\gamma_M - (1-\gamma_M)^2}$ $p_{BB}^* = \gamma_M - \dfrac{2\mu x_R(1-\gamma_M)\gamma_M}{6\mu\gamma_M - (1-\gamma_M)^2}$	$e_{AB}^* = \dfrac{(1-\gamma_M)}{4\mu} + \dfrac{x_R(1-\gamma_M)^2}{2[6\mu\gamma_M - (1-\gamma_M)^2]}$ $e_{BB}^* = \dfrac{(1-\gamma_M)}{4\mu} - \dfrac{x_R(1-\gamma_M)^2}{2[6\mu\gamma_M - (1-\gamma_M)^2]}$	$\pi_{AB}^* = \dfrac{[8\mu\gamma_M - (1-\gamma_M)^2 + 2\mu x_R(1-\gamma_M)]^2[6\mu\gamma_M - (1-\gamma_M)^2]}{16\mu[6\mu\gamma_M - (1-\gamma_M)^2]^2}$ $\pi_{BB}^* = \dfrac{[8\mu\gamma_M - (1-\gamma_M)^2 - 2\mu x_R(1-\gamma_M)]^2[6\mu\gamma_M - (1-\gamma_M)^2]}{16\mu[6\mu\gamma_M - (1-\gamma_M)^2]^2}$
$\mu = \dfrac{(1-\gamma_M)^2}{6\gamma_M}$ 和 $0 \leq x_R < \dfrac{3\gamma_M}{1-\gamma_M}$	$p_{AB}^* = \gamma_M + \dfrac{(1-\gamma_M)x_R}{3}$ $p_{BB}^* = \gamma_M - \dfrac{(1-\gamma_M)x_R}{3}$	$e_{AB}^* = e_{BB}^* = 0$	$\pi_{AB}^* = \dfrac{[3\gamma_M + (1-\gamma_M)x_R]^2}{18\gamma_M}$ $\pi_{BB}^* = \dfrac{[3\gamma_M - (1-\gamma_M)x_R]^2}{18\gamma_M}$
$\dfrac{(1-\gamma_M)^2}{8\gamma_M} < \mu < \dfrac{(1-\gamma_M)^2}{6\gamma_M}$ 和 $0 \leq x_R < \dfrac{(1-\gamma_M)^2 - 6\mu\gamma_M}{2\mu(1-\gamma_M)}$	$p_{AB}^* = \gamma_M - \dfrac{2\mu x_R(1-\gamma_M)\gamma_M}{(1-\gamma_M)^2 - 6\mu\gamma_M}$ $p_{BB}^* = \gamma_M + \dfrac{2\mu x_R(1-\gamma_M)\gamma_M}{(1-\gamma_M)^2 - 6\mu\gamma_M}$	$e_{AB}^* = \dfrac{(1-\gamma_M)}{4\mu} - \dfrac{x_R(1-\gamma_M)^2}{2[(1-\gamma_M)^2 - 6\mu\gamma_M]}$ $e_{BB}^* = \dfrac{(1-\gamma_M)}{4\mu} + \dfrac{x_R(1-\gamma_M)^2}{2[(1-\gamma_M)^2 - 6\mu\gamma_M]}$	$\pi_{AB}^* = \dfrac{[8\mu\gamma_M - (1-\gamma_M)^2 + 2\mu x_R(1-\gamma_M)]^2[6\mu\gamma_M - (1-\gamma_M)^2]}{16\mu[6\mu\gamma_M - (1-\gamma_M)^2]^2}$ $\pi_{BB}^* = \dfrac{[8\mu\gamma_M - (1-\gamma_M)^2 - 2\mu x_R(1-\gamma_M)]^2[6\mu\gamma_M - (1-\gamma_M)^2]}{16\mu[6\mu\gamma_M - (1-\gamma_M)^2]^2}$

值得注意的是，第一，关于 μ 和 x_R 的条件是为了保证在均衡情形下两个企业都还留在市场中，任何一个企业都不能把另一个企业完全赶出市场。条件 $\mu > \dfrac{(1-\gamma_M)^2}{8\gamma_M}$ 保证了在均衡情况下两个企业的利润都大于零。第二，当 $\mu > \dfrac{(1-\gamma_M)^2}{6\gamma_M}$ 时，优质企业的操控努力高于劣质企业的操控努力，当 $\dfrac{(1-\gamma_M)^2}{8\gamma_M} < \mu < \dfrac{(1-\gamma_M)^2}{6\gamma_M}$ 时，劣质企业的操控努力高于优质企业的操控努力。但当 $\mu = \dfrac{(1-\gamma_M)^2}{6\gamma_M}$ 时，两企业都会操控在线评论但操控努力为零。为了理解这种情况，我们可以想象一种情形，两企业都声称他们进行了在线评论操控，但是他们实际的在线评论操控努力为零。通过这样的一种方式，他们仍可以影响在线评论的可靠性，并使得 γ_C 的值增加到 γ_M。第三，在两企业都操控的情形下，当 $\dfrac{(1-\gamma_M)^2}{8\gamma_M} < \mu \leqslant \dfrac{(1-\gamma_M)^2}{6\gamma_M}$ 时，在均衡情形下两个企业都还留在市场中。但是，当 $\dfrac{(1-\gamma_M)^2}{8\gamma_M} < \mu \leqslant \dfrac{(1-\gamma_M)^2}{6\gamma_M}$ 时，在仅劣质企业操控的情形下，劣质企业将优质企业完全赶出市场，而在仅优质企业操控的情形下，优质企业将劣质企业完全赶出市场。

证明：求公式（5-10）的一阶条件如下：

$$\frac{\partial \pi_{AB}}{\partial p_A} = \frac{-2p_A + p_B + (x_R + e_A - e_B)(1-\gamma_M) + \gamma_M}{2\gamma_M} = 0$$

$$\frac{\partial \pi_{AB}}{\partial e_A} = \frac{p_A(1-\gamma_M)}{2\gamma_M} - 2\mu e_A = 0$$

$$\frac{\partial \pi_{BB}}{\partial p_B} = \frac{p_A - 2p_B - (x_R + e_A - e_B)(1-\gamma_M) + \gamma_M}{2\gamma_M} = 0$$

$$\frac{\partial \pi_{BI}}{\partial e_B} = \frac{p_B(1-\gamma_M)}{2\gamma_M} - 2\mu e_B = 0$$

根据以上的一阶条件，我们可以计算得到如下的企业均衡价格和企业均衡操控努力：

$$\begin{cases} p_{AB}^* = \gamma_M + \dfrac{2\mu x_R (1 - \gamma_M) \gamma_M}{6\mu\gamma_M - (1 - \gamma_M)^2} \\[4mm] p_{BB}^* = \gamma_M - \dfrac{2\mu x_R (1 - \gamma_M) \gamma_M}{6\mu\gamma_M - (1 - \gamma_M)^2} \end{cases}$$

$$\begin{cases} e_{AB}^* = \dfrac{(1 - \gamma_M)}{4\mu} + \dfrac{x_R (1 - \gamma_M)^2}{2\left[6\mu\gamma_M - (1 - \gamma_M)^2 \right]} \\[4mm] e_{BB}^* = \dfrac{(1 - \gamma_M)}{4\mu} - \dfrac{x_R (1 - \gamma_M)^2}{2\left[6\mu\gamma_M - (1 - \gamma_M)^2 \right]} \end{cases}$$

我们感兴趣的是在均衡情形下两个企业都还留在市场中的情形，因此，存在三种情况：第一种情况，当 $\mu > \dfrac{(1 - \gamma_M)^2}{6\gamma_M}$ 和 $0 \leqslant x_R < \dfrac{6\mu\gamma_M - (1 - \gamma_M)^2}{2\mu(1 - \gamma_M)}$，将上述的均衡价格和均衡操控努力代入公式（5 - 10），我们就可以得到两企业的均衡利润；第二种情况，当 $\dfrac{(1 - \gamma_M)^2}{8\gamma_M} < \mu < \dfrac{(1 - \gamma_M)^2}{6\gamma_M}$ 和 $0 \leqslant x_R < \dfrac{(1 - \gamma_M)^2 - 6\mu\gamma_M}{2\mu(1 - \gamma_M)}$，将上述的均衡价格和均衡操控努力代入公式（5 - 10），我们就可以得到两企业的均衡利润。值得注意的是，当 $\mu \leqslant \dfrac{(1 - \gamma_M)^2}{8\gamma_M}$ 时，两个企业的利润都无法大于零；第三种情况，当 $\mu = \dfrac{(1 - \gamma_M)^2}{6\gamma_M}$ 时，两企业都会进行在线评论操控，但是他们实施的操控努力是相等的，两企业的操控努力会相互抵消，但是他们的操控仍会产生操控成本。因此，在均衡情况下，两企业的最优决策就是实施操控努力为零的在线评论操控，我们只需要将没有企业操控情形下的 γ_C 用 γ_M 替换，就可以得到这种情况下的均衡价格和利润。**证毕**。

下面，我们分析两企业都操控的情况下对优质企业和劣质企业利润的影响，如定理 5 -3 所示。

定理 5 - 3：两企业都操控的情形下，当满足（a）$\mu > \max \left\{ \dfrac{(1 - \gamma_M)^2}{8(\gamma_M - \gamma_C)}, \dfrac{(1 - \gamma_M)^2}{6\gamma_M} \right\}$ 和 $0 \leqslant x_R < \min \left\{ x_4, \dfrac{6\mu\gamma_M - (1 - \gamma_M)^2}{2\mu(1 - \gamma_M)}, \dfrac{3\gamma_C}{1 - \gamma_C} \right\}$；或（b）$\mu = \dfrac{(1 - \gamma_M)^2}{6\gamma_M}$ 和 $0 \leqslant x_R < \min \left\{ \dfrac{3\gamma_C}{1 - \gamma_C}, \dfrac{3\sqrt{\gamma_C\gamma_M}}{1 + \sqrt{\gamma_C\gamma_M}} \right\}$；或

（c） $\min\left\{\dfrac{(1-\gamma_M)^2}{8(\gamma_M-\gamma_C)}, \dfrac{(1-\gamma_M)^2}{6\gamma_M}\right\} < \mu < \dfrac{(1-\gamma_M)^2}{6\gamma_M}$ 和 $0 \leqslant x_R <$ min

$\left\{x_5, \dfrac{(1-\gamma_M)^2-6\mu\gamma_M}{2\mu(1-\gamma_M)}, \dfrac{3\gamma_C}{1-\gamma_C}\right\}$ 时，两企业的利润都比没有企业操控的

情形下要高，其中 $x_4 = \dfrac{[6\mu\gamma_M-(1-\gamma_M)^2](3\gamma_C\sqrt{\Delta}-1)}{2\mu(1-\gamma_M)-\sqrt{\Delta}(1-\gamma_C)[6\mu\gamma_M-(1-\gamma_M)^2]}$，$x_5 =$

$\dfrac{[(1-\gamma_M)^2-6\mu\gamma_M](1-3\gamma_C\sqrt{\Delta})}{2\mu(1-\gamma_M)-\sqrt{\Delta}(1-\gamma_C)[(1-\gamma_M)^2-6\mu\gamma_M]}$，$\Delta = \dfrac{8\mu}{9[8\mu\gamma_M-(1-\gamma_M)^2]}$。

证明： 两企业都操控的情形下两企业的利润都比没有企业操控的情形下要高，就要使得 $\pi_{AB} > \pi_{AN}$ 和 $\pi_{BB} > \pi_{BN}$ 同时成立。根据 μ 值的不同，我们需要讨论三种情况：第一种情况，当 $\mu > \dfrac{(1-\gamma_M)^2}{6\gamma_M}$ 时，求解 $\pi_{AB} > \pi_{AN}$ 和

$\pi_{BB} > \pi_{BN}$ 同时成立的条件，我们可以得到 $\mu > \max\left\{\dfrac{(1-\gamma_M)^2}{8(\gamma_M-\gamma_C^2)}, \dfrac{(1-\gamma_M)^2}{6\gamma_M}\right\}$ 和

$0 \leqslant x_R < \min\left\{x_4, \dfrac{3\gamma_C}{1-\gamma_C}, \dfrac{6\mu\gamma_M-(1-\gamma_M)^2}{2\mu(1-\gamma_M)}\right\}$。第二种情况，当 $\dfrac{(1-\gamma_M)^2}{8\gamma_M} < \mu <$

$\dfrac{(1-\gamma_M)^2}{6\gamma_M}$，求解 $\pi_{AB} > \pi_{AN}$ 和 $\pi_{BB} > \pi_{BN}$ 同时成立的条件，我们可以得到

$\min\left\{\dfrac{(1-\gamma_M)^2}{8(\gamma_M-\gamma_C)}, \dfrac{(1-\gamma_M)^2}{6\gamma_M}\right\} < \mu < \dfrac{(1-\gamma_M)^2}{6\gamma_M}$ 和 $0 \leqslant x_R < \min\left\{x_5, \dfrac{3\gamma_C}{1-\gamma_C},\right.$

$\left.\dfrac{(1-\gamma_M)^2-6\mu\gamma_M}{2\mu(1-\gamma_M)}\right\}$。第三种情况，当 $\mu = \dfrac{(1-\gamma_M)^2}{6\gamma_M}$ 时，求解 $\pi_{AB} > \pi_{AN}$ 和

$\pi_{BB} > \pi_{BN}$ 同时成立的条件，我们可以得到 $0 \leqslant x_R < \min\left\{\dfrac{3\gamma_C}{1-\gamma_C}, \dfrac{3\sqrt{\gamma_C\gamma_M}}{1+\sqrt{\gamma_C\gamma_M}}\right\}$。

值得注意的是，定理 5-3 的结果在 $\mu = \infty$ 的极端情况下也是成立的。首先我们注意到 $\mu = \infty$ 仅发生在 $\mu > \dfrac{(1-\gamma_M)^2}{6\gamma_M}$ 的情况下。在这种情况下，当 $\mu = \infty$，

从 $e_{AB}^* = \dfrac{(1-\gamma_M)}{4\mu} + \dfrac{x_R(1-\gamma_M)^2}{2[6\mu\gamma_M-(1-\gamma_M)^2]}$ 和 $e_{BB}^* = \dfrac{(1-\gamma_M)}{4\mu} - \dfrac{x_R(1-\gamma_M)^2}{2[6\mu\gamma_M-(1-\gamma_M)^2]}$

可知，优质企业的操控努力和劣质企业的操控努力都会变得极小，接近于零。因此，即使单位操控成本 μ 极大的情况下，优质企业的操控成本和劣质企业的操控成本也都接近于零，优质企业和劣质企业仍都有可能从在线评论操控中获利。**证毕**。

定理 5-3 揭示了两企业都操控的情形下两企业的利润也可以比没有操控的情形下都要高，如图 5-5 所示。在图 5-5 中，当 $\mu > \dfrac{(1-\gamma_M)^2}{6\gamma_M}$ 时，在区域 1 中两企业操控在线评论都有利可图，当 $\dfrac{(1-\gamma_M)^2}{8\gamma_M} < \mu < \dfrac{(1-\gamma_M)^2}{6\gamma_M}$，在区域 2 中两企业操控在线评论都有利可图，当 $\mu = \dfrac{(1-\gamma_M)^2}{6\gamma_M}$ 时，沿着直线 1 两企业操控在线评论都有利可图。

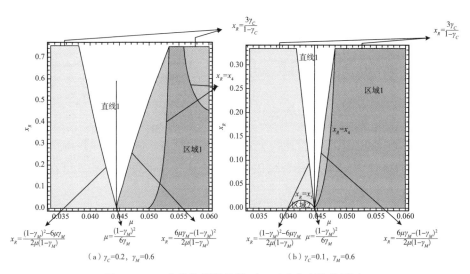

图 5-5 两企业都操控的情形下对企业利润的影响

下面我们讨论定理 5-3 的经济意义。首先，当 $\dfrac{(1-\gamma_M)^2}{8\gamma_M} < \mu < \dfrac{(1-\gamma_M)^2}{6\gamma_M}$ 时，优质企业的在线评论操控努力总是低于劣质企业的在线评论操控努力，

因此，这种情况下的经济意义与仅劣质企业操控情形下的经济意义类似；当 $\mu > \dfrac{(1-\gamma_M)^2}{6\gamma_M}$，优质企业的在线评论操控努力总是高于劣质企业的在线评论操控努力，因此，这种情况下的经济意义与仅优质企业操控情形下的经济意义类似。其次，当 $\mu = \dfrac{(1-\gamma_M)^2}{6\gamma_M}$ 时，只有当 x_R 足够小，两企业都操控的情形下两企业利润都要高于没有企业操控的情况。这是因为，当 $\mu = \dfrac{(1-\gamma_M)^2}{6\gamma_M}$ 时，两企业都实施同样的在线评论操控努力但是操控努力都为零（即 $e_A = e_B = 0$），通过均值平移效应和方差增加效应，导致优质企业的潜在市场大小减少了 $\dfrac{(\gamma_M - \gamma_C)x_R}{2\gamma_C\gamma_M}$，而劣质企业的潜在市场大小增加了 $\dfrac{(\gamma_M - \gamma_C)x_R}{2\gamma_C\gamma_M}$。然而，由于两企业都声称会操控在线评论，导致消费者对自己评估的信任由 γ_C 增加到 γ_M，从而导致了优质企业的价格增加了 $(\gamma_M - \gamma_C)\left(1 - \dfrac{x_R}{3}\right)$（从 $\gamma_C + \dfrac{(1-\gamma_C)\ x_R}{3}$ 变为 $\gamma_M + \dfrac{(1-\gamma_M)x_R}{3}$），并随着 x_R 的增加而减少，也导致了劣质企业的价格增加了 $(\gamma_M - \gamma_C)\left(1 + \dfrac{x_R}{3}\right)$（从 $\gamma_C - \dfrac{(1-\gamma_C)x_R}{3}$ 变为 $\gamma_M - \dfrac{(1-\gamma_M)x_R}{3}$），并随着 x_R 的增加而增加。因此，要使两个企业同时比没有在线评论操控的情形下利润都高，只能使得 x_R 足够小，可以让优质企业价格的增加弥补其潜在市场大小的减少。

下面我们讨论对称的情形，即当 $x_R = 0$ 时的情况。当 $x_R = 0$ 时，也就是说未被操控的在线评论揭示的产品质量差异为零。推论 5 - 1 总结了当 $x_R = 0$ 时的有趣结论。

推论 5 - 1：在两企业都操控的情况下，且未被操控的在线评论揭示的产品质量差异为零（即 $x_R = 0$）时，则：（a）当 $\mu > \dfrac{(1-\gamma_M)^2}{6\gamma_M}$ 时，两企业的操控努力相同，为 $e_{AB}^* = e_{BB}^* = \dfrac{(1-\gamma_M)}{4\mu}$，且当 $\mu \geq \max\left\{\dfrac{(1-\gamma_M)^2}{8(\gamma_M - \gamma_C)}, \dfrac{(1-\gamma_M)^2}{6\gamma_M}\right\}$ 时两

企业都操控的情形下两企业的利润都比没有企业操控的情形下要高；（b）当

$\mu = \dfrac{(1-\gamma_M)^2}{6\gamma_M}$ 时，两企业的操控努力相同，为 $e_{AB}^* = e_{BB}^* = 0$，且两企业都操控

的情形下两企业的利润都比没有企业操控的情形下要高；（c）当 $\dfrac{(1-\gamma_M)^2}{8\gamma_M} <$

$\mu < \dfrac{(1-\gamma_M)^2}{6\gamma_M}$ 时，两企业的操控努力相同，为 $e_{AB}^* = e_{BB}^* = \dfrac{(1-\gamma_M)}{4\mu}$，且当 $\min$

$\left\{\dfrac{(1-\gamma_M)^2}{8(\gamma_M-\gamma_C)}, \dfrac{(1-\gamma_M)^2}{6\gamma_M}\right\} < \mu < \dfrac{(1-\gamma_M)^2}{6\gamma_M}$ 时两企业都操控的情形下两企业的

利润都比没有企业操控的情形下要高。

证明： 根据 μ 的不同，有三种情况需要考虑：

第一种情况是当 $\mu > \dfrac{(1-\gamma_M)^2}{6\gamma_M}$。将 $x_R = 0$ 代入两企业都操控的情形下的均

衡操控努力中，我们可以得到 $e_{AB}^* = e_{BB}^* = \dfrac{(1-\gamma_M)}{4\mu}$。将 $x_R = 0$ 代入两企业都操控

的情形下的均衡企业利润中，我们可以得到 $\pi_{AB}^* = \pi_{BB}^* = \dfrac{8\mu\gamma_M - (1-\gamma_M)^2}{16\mu}$，将

$x_R = 0$ 代入两企业都不操控的情形下的均衡企业利润中，我们得到 $\pi_{AN}^* =$

$\pi_{BN}^* = \dfrac{\gamma_C}{2}$。求解 $\pi_{AB}^* = \pi_{BB}^* = \dfrac{8\mu\gamma_M - (1-\gamma_M)^2}{16\mu} > \pi_{AN}^* = \pi_{BN}^* = \dfrac{\gamma_C}{2}$，我们可以得到

当 $\mu > \max\left\{\dfrac{(1-\gamma_M)^2}{8(\gamma_M-\gamma_C)}, \dfrac{(1-\gamma_M)^2}{6\gamma_M}\right\}$ 时 $\pi_{AB}^* = \pi_{BB}^* > \pi_{AN}^* = \pi_{BN}^*$ 成立。

第二种情况是当 $\dfrac{(1-\gamma_M)^2}{8\gamma_M} < \mu < \dfrac{(1-\gamma_M)^2}{6\gamma_M}$。将 $x_R = 0$ 代入两企业都操控

的情形下的均衡操控努力中，我们可以得到 $e_{AB}^* = e_{BB}^* = \dfrac{(1-\gamma_M)}{4\mu}$。将 $x_R = 0$ 代

入两企业都操控的情形下的均衡企业利润中，我们可以得到 $\pi_{AB}^* = \pi_{BB}^* =$

$\dfrac{8\mu\gamma_M - (1-\gamma_M)^2}{16\mu}$，将 $x_R = 0$ 代入两企业都不操控的情形下的均衡企业利润

中，我们得到 $\pi_{AN}^* = \pi_{BN}^* = \dfrac{\gamma_C}{2}$。求解 $\pi_{AB}^* = \pi_{BB}^* = \dfrac{8\mu\gamma_M - (1-\gamma_M)^2}{16\mu} > \pi_{AN}^* = \pi_{BN}^* =$

$\dfrac{\gamma_C}{2}$，我们可以得到当 $\min\left\{\dfrac{(1-\gamma_M)^2}{8(\gamma_M-\gamma_C)},\ \dfrac{(1-\gamma_M)^2}{6\gamma_M}\right\}<\mu<\dfrac{(1-\gamma_M)^2}{6\gamma_M}$ 时 $\pi_{AB}^*=$

$\pi_{BB}^*>\pi_{AN}^*=\pi_{BN}^*$ 成立。

第三种情况是当 $\mu=\dfrac{(1-\gamma_M)^2}{6\gamma_M}$ 时。从引理 5-4 中可以知道，当 $\mu=$

$\dfrac{(1-\gamma_M)^2}{6\gamma_M}$ 时，$e_{AB}^*=e_{BB}^*=0$。将 $x_R=0$ 代入两企业都操控的情形下的均衡企业

利润中，我们可以得到 $\pi_{AB}^*=\pi_{BB}^*=\dfrac{\gamma_M}{2}$，将 $x_R=0$ 代入两企业都不操控的情形

下的均衡企业利润中，我们得到 $\pi_{AN}^*=\pi_{BN}^*=\dfrac{\gamma_C}{2}$。因此，两企业都操控的情形

下两企业的利润总是比没有企业操控的情形下要高，因为 $\pi_{AB}^*=\pi_{BB}^*=\dfrac{\gamma_M}{2}>$

$\pi_{AN}^*=\pi_{BN}^*=\dfrac{\gamma_C}{2}$ 恒成立。**证毕。**

推论 5-1 揭示了当未被操控的在线评论所揭示的产品差异为零时（即 $x_R=0$）的两个有趣的现象。第一，我们注意到当 $x_R=0$ 时，两企业总是实施相等的操控努力，这是因为两企业都想消除对方操控产生的均值平移效应使得自己的利润最大化。第二，当 $x_R=0$ 时，即使两企业实施相等的操控努力，且两企业的操控努力相互抵消，两企业都操控的情形下两企业的利润还是可以实现比没有企业操控的情形下要高。

5.6 企业操控决策

在本节中，我们分析如果两企业可以自由选择是否操控在线评论的情况下的市场均衡。定理 5-4 总结了当 $\mu>\dfrac{(1-\gamma_M)^2}{8\gamma_M}$ 时的市场均衡结果，其中条

件 $\mu>\dfrac{(1-\gamma_M)^2}{8\gamma_M}$ 是两企业都没有操控的情形、仅劣质企业操控的情形、仅优

质企业操控的情形和两企业都操控的情形的公共可行域。

定理 5 - 4：（企业操控决策）如果两企业可以自由选择是否操控在线评论，两企业总是会选择都操控在线评论。

证明：我们总结两企业都没有操控的情形、仅劣质企业操控的情形、仅优质企业操控的情形和两企业都操控的情形这四种情形，如表 5 - 3 所示。

表 5 - 3   企业操控决策

项目		企业 A 的操控决策	
		企业 A 操控	企业 A 不操控
企业 B 的操控决策	企业 B 操控	(π_{AB}, π_{BB})	(π_{AI}, π_{BI})
	企业 B 不操控	(π_{AS}, π_{BS})	(π_{AN}, π_{BN})

根据 μ 值的不同，我们需要考虑两种情况：

第一种情况是当 $\mu > \dfrac{(1 - \gamma_M)^2}{6\gamma_M}$ 和 $0 \leqslant x_R < \min\left\{\dfrac{1 - \gamma_C}{3\gamma_C}, \dfrac{6\mu\gamma_M - (1 - \gamma_M)^2}{2\mu(1 - \gamma_M)}\right\}$。在这种情况下，如果企业 A 不操控在线评论，则企业 B 的最优响应策略是操控在线评论，因为 π_{BI} 总是大于 π_{BN}；如果企业 A 操控在线评论，则企业 B 的最优响应策略也是操控在线评论，因为 π_{BB} 总是大于 π_{BS}。下面，我们讨论，针对企业 B 进行在线评论操控，企业 A 的最优响应策略。我们发现，当企业 B 选择操控在线评论时，企业 A 也总是会选择操控在线评论，因为 π_{AB} 总是大于 π_{AI}。因此，在这种情况下，两企业总是会选择操控在线评论。

第二种情况是当 $\dfrac{(1 - \gamma_M)^2}{8\gamma_M} < \mu \leqslant \dfrac{(1 - \gamma_M)^2}{6\gamma_M}$ 时。在这种情况下，如果企业 B 操控在线评论，则企业 A 也总是会选择操控在线评论，这是因为，在仅劣质企业操控的情况下，如果企业 A 不操控在线评论，企业 A 就会完全被企业 B 赶出市场，企业 A 的利润为零。如果企业 B 不操控在线评论，则企业 A 的最优响应策略也是操控在线评论，因为当 $\dfrac{(1 - \gamma_M)^2}{8\gamma_M} < \mu \leqslant \dfrac{(1 - \gamma_M)^2}{6\gamma_M}$ 时，π_{AS} 总

是大于 π_{AN}。因此，无论企业 B 的操控策略如何，企业 A 的最优响应策略都
是进行在线评论操控。下面，我们讨论，针对企业 A 进行在线评论操控，企业 B 的最优响应策略。我们发现，当企业 A 选择操控在线评论时，企业 B 也总是会选择操控在线评论，这是因为，在仅优质企业操控的情形下，如果企业 B 不操控在线评论，那么企业 B 将会被企业 A 完全赶出市场，企业 B 的利润为零。因此，在这种情况下，两企业总是会选择操控在线评论。**证毕**。

定理 5 - 4 揭示了当两企业都可以自由地选择是否操控在线评论时，两企业都会操控在线评论。首先，当单位操控成本较小时（即 $\dfrac{(1-\gamma_M)^2}{8\gamma_M} < \mu \leqslant$ $\dfrac{(1-\gamma_M)^2}{6\gamma_M}$），如果劣质企业操控在线评论，优质企业也会操控在线评论，这是因为如果劣质企业操控在线评论而优质企业不操控在线评论，则优质企业会被劣质企业完全赶出市场。同样地，如果优质企业操控在线评论，劣质企业也会操控在线评论。其次，当单位操控成本较大时（即 $\mu > \dfrac{(1-\gamma_M)^2}{6\gamma_M}$），无论优质企业是否选择操控在线评论，劣质企业操控在线评论总是有利可图，这是因为，劣质企业通过选择操控在线评论总是能够从均值平移效应中获利。这个结论与卢卡和泽瓦斯（Luca & Zervas, 2016）的研究一致，卢卡和泽瓦斯（Luca & Zervas, 2016）的研究指出低声誉的企业更有可能参与到在线评论操控中，因为他们能够通过在线评论操控很容易提升企业的利润。当劣质企业选择进行在线评论操控时，对优质企业来说，选择在线评论操控总是有利可图的。在仅劣质企业操控的情形下，优质企业选择在线评论操控总能降低劣质企业操控带来的均值平移效应的影响。因此，在均衡情况下，两企业的最优策略是两企业都会选择操控在线评论。从这个结论来看，优质企业和劣质企业进行在线评论操控的动机是不同的，对于劣质企业来说，操控在线评论的动机是提升企业的利润，然而，对优质企业来说，操控在线评论的动机是降低劣质企业操控带来的不利影响。

在很多情况下，均衡并不一定是帕累托最优的，因为博弈中存在一些对

双方都有利的非均衡结果。推论 5－2 给出了两个企业陷入因徒困境的条件，即两企业都会选择操控在线评论，即使两个企业都不操控的情形下两企业的利润会比两企业都操控的情形下高。

推论 5－2：（因徒困境）在均衡情况下，当（a）$\dfrac{(1-\gamma_M)^2}{6\gamma_M} < \mu <$

$\dfrac{(1-\gamma_M)^2}{8(\gamma_M-\gamma_C)}$ 和 $0 \leqslant x_R < \min\left\{x_6, \dfrac{6\mu\gamma_M-(1-\gamma_M)^2}{2\mu(1-\gamma_M)}, \dfrac{3\gamma_C}{1-\gamma_C}\right\}$ 和（b）$\dfrac{(1-\gamma_M)^2}{8\gamma_M} <$

$\mu < \min\left\{\dfrac{(1-\gamma_M)^2}{8(\gamma_M-\gamma_C)}, \dfrac{(1-\gamma_M)^2}{6\gamma_M}\right\}$ 和 $0 \leqslant x_R < \min\left\{x_7, \dfrac{(1-\gamma_M)^2-6\mu\gamma_M}{2\mu(1-\gamma_M)},\right.$

$\left.\dfrac{3\gamma_C}{1-\gamma_C}\right\}$ 时，两企业都操控情形下两企业的利润比两企业都不操控情形下

都要低，其中 $x_6 = \dfrac{\left[6\mu\gamma_M-(1-\gamma_M)^2\right]\left(3\gamma_C\sqrt{\Delta}-1\right)}{\sqrt{\Delta}(1-\gamma_C)\left[6\mu\gamma_M-(1-\gamma_M)^2\right]-2\mu(1-\gamma_M)}$，$x_7 =$

$\dfrac{\left[(1-\gamma_M)^2-6\mu\gamma_M\right]\left(3\gamma_C\sqrt{\Delta}-1\right)}{\sqrt{\Delta}(1-\gamma_C)\left[(1-\gamma_M)^2-6\mu\gamma_M\right]+2\mu(1-\gamma_M)}$。

证明：根据 μ 值的不同，我们需要考虑两种情况：

第一种情况是当 $\mu > \dfrac{(1-\gamma_M)^2}{6\gamma_M}$ 和 $0 \leqslant x_R < \min\left\{\dfrac{1-\gamma_C}{3\gamma_C}, \dfrac{6\mu\gamma_M-(1-\gamma_M)^2}{2\mu(1-\gamma_M)}\right\}$

时，当且仅当 $\pi_{AB} < \pi_{AN}$ 和 $\pi_{BB} < \pi_{BN}$ 时，两企业都操控情形下两企业的利润比两企业都不操控情形下都要低。求解 $\pi_{AB} < \pi_{AN}$ 和 $\pi_{BB} < \pi_{BN}$，我们可以得到

$\dfrac{(1-\gamma_M)^2}{6\gamma_M} < \mu < \max\left\{\dfrac{(1-\gamma_M)^2}{8(\gamma_M-\gamma_C^2)}, \dfrac{(1-\gamma_M)^2}{6\gamma_M}\right\}$ 和 $0 \leqslant x_R < \min\left\{x_6, \dfrac{3\gamma_C}{1-\gamma_C},\right.$

$\left.\dfrac{6\mu\gamma_M-(1-\gamma_M)^2}{2\mu(1-\gamma_M)}\right\}$。

第二种情况是当 $\dfrac{(1-\gamma_M)^2}{8\gamma_M} < \mu < \dfrac{(1-\gamma_M)^2}{6\gamma_M}$ 和 $0 \leqslant x_R < \min\left\{\dfrac{1-\gamma_C}{3\gamma_C},\right.$

$\left.\dfrac{6\mu\gamma_M-(1-\gamma_M)^2}{2\mu(1-\gamma_M)}\right\}$ 时，当且仅当 $\pi_{AB} < \pi_{AN}$ 和 $\pi_{BB} < \pi_{BN}$ 时，两企业都操控情形下两企业的利润比两企业都不操控情形下都要低。求解 $\pi_{AB} < \pi_{AN}$ 和 $\pi_{BB} <$

π_{BN}，我们可以得到 $\dfrac{(1-\gamma_M)^2}{8\gamma_M} < \mu < \min\left\{\dfrac{(1-\gamma_M)^2}{8(\gamma_M-\gamma_C)}, \dfrac{(1-\gamma_M)^2}{6\gamma_M}\right\}$ 和 $0 \leqslant x_R <$

$\min\left\{x_7, \dfrac{3\gamma_C}{1-\gamma_C}, \dfrac{6\mu\gamma_M-(1-\gamma_M)^2}{2\mu(1-\gamma_M)}\right\}$。证毕。

推论 5-2 表明，在一些情况下，在线评论被过度操控了，两企业都操控情形下两企业的利润比两企业都不操控情形下都要低，如图 5-6 所示。在图 5-6 中，囚徒困境存在于 $\mu > \dfrac{(1-\gamma_M)^2}{6\gamma_M}$ 时的区域 3 和 $\dfrac{(1-\gamma_M)^2}{8\gamma_M} < \mu < \dfrac{(1-\gamma_M)^2}{6\gamma_M}$ 时的区域 4。从图 5-6（a）和图 5-6（b）中可以看出，总体来说，当单位操控成本较低时，两企业更有可能陷入囚徒困境。这是因为，对于每个企业来说，当单位操控成本较低时，企业更容易操控在线评论。然而，在这种情况下，两企业都选择操控在线评论，每个企业从均值平移效应中获得的利益被降低。因此，在线评论操控的收益远没有企业所预期的那么显著。

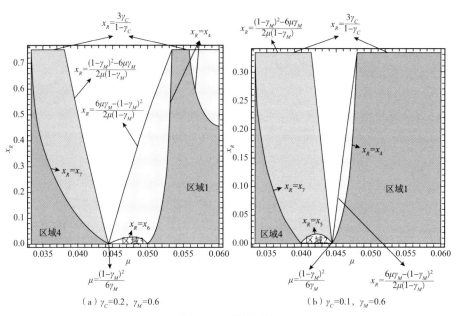

图 5-6　囚徒困境

5.7 结 论

在线评论对消费者有着显著的影响，从而导致企业通过在线评论操控来促销自己的产品。本章的内容提供了一个博弈模型来系统地探索在线评论操控对竞争环境中的不对称企业的影响。本章得到的主要结论总结如下：

第一，我们得出了一个反直觉的结论，一个企业的在线评论操控不一定损害其竞争对手的利润，在仅劣质企业操控的情形、仅优质企业操控的情形和两企业都操控的情形下都成立。直观地，我们认为一个企业的在线评论操控会损害其竞争对手的利润。但是，我们的结果显示情况并非总是如此。在本章的研究中，我们发现，在线评论操控有两个效应：均值平移效应和方差增加效应。一个企业的操控努力或者一个企业更高的操控努力可能因为均值平移效应获利，但是它的竞争对手会因为方差增加效应而获利。出现这个结果的原因在于在线评论操控降低了在线评论的可靠性，消费者在在线评论操控存在的情况下更加信任自己对产品的评估，从而导致消费者对产品的评估分布更加异质化。因此，其竞争对手可能从消费者对产品评估分布得更加异质化中获得更多的消费者、制定更高的价格或者两者兼有。

第二，如果企业可以自由地选择是否操控在线评论，两企业都会选择操控在线评论。当在线评论的单位操控成本较低时，其中一个企业进行在线评论操控都会把另一个企业完全赶出市场。当在线评论的单位操控成本较高时，对劣质企业来说，无论优质企业是否进行在线评论操控，劣质企业进行在线评论操控总是有利可图的。这是因为，与没有企业操控的情形相比，劣质企业的在线评论操控总是能够从均值平移效应中获利。对优质企业来说，如果劣质企业进行操控的话，优质企业选择操控在线评论对自己更有利。这是因为，通过操控在线评论，优质企业可以减少因劣质企业在线评论操控带来的均值平移效应的不利影响。

第三，我们识别了两种特殊情况。首先，当未被操控的在线评论所揭示的产品差异为零时，两企业都操控的情形下的两企业的利润仍有可能比没有企业操控的情形下要高，即使两企业的操控努力相互抵消。这是因为，两企业都有可能从方差增加效应中获利。其次，如果两企业都可以自由地选择是否操控在线评论，存在一个在线评论被过度操控的囚徒困境，也就是说，两企业都会选择操控在线评论，即使两企业在都不操控在线评论时的利润更高。

本章的结论对实践中的企业有很强的指导意义。首先，在线评论操控是降低在线评论可靠性的有效工具，也就是说，在线评论操控增加了消费者在网购过程中对产品和企业的不确定性。没有在线评论的时候，消费者面临着对产品和企业的巨大不确定性，也被称为"柠檬市场"（Akerlof，1970）。在线评论的存在显著地降低了企业和消费者之间的不确定性。但是，在竞争市场中，不确定性的减少对企业来说不一定是好事。其次，与直觉相反，我们的分析指出一个企业的在线评论操控不一定损害其竞争对手的利润。因此，当一个企业观察到其竞争对手进行在线评论操控时，不需要匆忙决定进行在线评论操控，因为它有可能从其竞争对手的在线评论操控中获利。再其次，我们的结果显示当未被操控的在线评论所揭示的产品差异为零时两企业同时进行在线评论操控也有利可图。因此，即使未被操控的在线评论并未表明这两种产品之间存在任何质量差异，但企业仍可以采用在线评论操纵策略来增加利润。最后，我们的结论表明存着在线评论被过度操控的囚徒困境，而囚徒困境在单位操控成本较低时更容易发生。因此，当单位操控成本较低时，企业在决定是否操控在线评论时需要更加小心。

本章的研究存在着一些不足，为下一步研究提供方向。第一，本章分析了两企业通过一个公共的电子市场平台销售产品的情况，然而，本章在模型中并未考虑到公共电子市场平台的作用。很多平台，如美国评论网站（Yelp. com）等，采纳了过滤系统来检测被操控的在线评论（Luca & Zervas，2016）。因此，下一步研究可以探索在考虑到在线评论过滤系统实施的情况下企业的在线评论操控决策。第二，在本章中，我们并未区分在线评论的类型，只是笼统地假设企业操控在线评论来提高在线评论所揭示自己产品的质量。然而，实际上存在很多不同类型的在线评论，如第三方在线评论等，不同类型的在线评论对消费者的影响不同。因此，下一步研究可以探索操控不同类型的在线评论对企业的利润影响。第三，本章研究的是一阶段的模型，并假设在线评论操控会降低在线评论总体的可靠性。但是，在线评论操控可能对消费者还有其他影响。例如，从长期来看，一个企业的在线评论操控有可能被消费者认为严重损害企业声誉。因此，下一步研究可以通过建立多阶段的博弈模型研究企业在线评论操控决策。

参考文献

［1］蔡学媛，李建斌，戴宾，李赟. 基于在线评论的多个竞争制造商和零售商的产品定价策略［J］. 运筹与管理，2020，29（4）：187 - 194.

［2］崔芳，崔文田，林军，曹欢欢. 基于在线评论的新产品定向市场播种最优策略研究［J］. 运筹与管理，2017，26（11）：15 - 25.

［3］戴和忠. 网络推荐和消费者评论对数字内容商品体验消费的整合影响及实证研究［D］. 杭州：浙江大学，2014.

［4］龚诗阳，刘霞，刘洋，等. 网络口碑决定产品命运吗？——对线上图书评论的实证分析［J］. 南开管理评论，2012，15（4）：118 - 128.

［5］龚艳萍，梁树霖. 消费者评论对新技术产品消费者采纳意愿的影响研究——基于 ELM 视角［J］. 软科学，2014，28（2）：96 - 105.

［6］郝媛媛，邹鹏，李一军，等. 基于电影面板数据的消费者评论情感倾向对销售收入影响的实证研究［J］. 管理评论，2009，21（10）：95 - 103.

［7］李慧颖. 消费者评论对消费者感知及企业商品销量的影响研究［D］. 哈尔滨：哈尔滨工业大学，2013.

［8］李琪，阮燕雅. 在线评论认真书写的激励机制——以优惠券为例［J］. 系统管理学报，2016，25（3）：477 - 483.

［9］李婷婷，李艳军. "好评返现"如何影响消费者在线评论？——双通道心理账户的中介作用［J］. 营销科学学报，2016，12（1）：133 - 152.

［10］廖俊云，黄敏学. 基于酒店销售的在线产品评论、品牌与产品销量实

证研究 [J]. 管理学报, 2016, 13 (1): 122 - 130.

[11] 刘洋, 廖貅武. 基于在线评分和网络效应的应用软件定价策略 [J]. 管理科学, 2013, 26 (4): 60 - 69.

[12] 刘洋, 廖貅武, 刘莹. 消费者评论对应用软件及平台定价策略的影响 [J]. 系统工程学报, 2014, 29 (4): 560 - 570.

[13] 齐托托, 周洵, 王天梅. 在线评论特征对知识付费产品销量的影响研究——基于产品类型的调节作用 [J]. 管理评论, 2021, 33 (11): 209 - 222.

[14] 石文华, 王璐, 绳娜, 蔡嘉龙. 在线初次评论与在线追加评论对商品销量影响的比较研究 [J]. 管理评论, 2018, 30 (1): 144 - 153.

[15] 汪旭晖, 聂可昱, 陈荣. "解释行为" 还是 "解释反应"? 怎样的在线评论更有用——基于解释类型的在线评论对消费者购买决策的影响及边界条件 [J]. 南开管理评论, 2017, 20 (4): 27 - 37.

[16] 汪旭晖, 张其林, 杜航. 在线顾客评论对产品销量的影响: 品牌强度和产品成熟度的调节作用 [J]. 管理工程学报, 2018, 32 (3): 9 - 18.

[17] 王君珺, 闫强. 不同热度搜索型产品的消费者评论对销量影响的实证研究 [J]. 中国管理科学, 2013, 21 (11): 406 - 411.

[18] 魏瑾瑞, 王金伟. 在线评论回报的动态声誉机制研究 [J]. 中国管理科学, 2022, 30 (1): 252 - 262.

[19] 徐兵, 张阳. 基于好评返现和差评偏好的体验型产品两阶段定价决策研究 [J]. 管理工程学报, 2020, 34 (2): 21 - 29.

[20] 袁海霞, 白琳, 陈俊. 在线复合评论: "众口难调" "行合趋同" 抑或 "金无足赤"——基率信息和偏好差异性的调节效应研究 [J]. 南开管理评论, 2019, 22 (6): 211 - 220.

[21] 曾慧, 郝辽钢, 于贞朋. 好评奖励能改变消费者的在线评论吗? ——奖励计划在网络口碑中的影响研究 [J]. 管理评论, 2018, 30 (2): 117 - 126.

[22] 张艳辉, 李宗伟. 在线评论有用性的影响因素研究: 基于产品类型的

调节效应 [J]. 管理评论, 2016, 28 (10): 123 – 132.

[23] 张志坚, 王鹏, 郭军华, 商长敏. 基于在线评论服务策略的电商供应链决策 [J]. 系统工程学报, 2021, 36 (2): 227 – 239.

[24] 郑本荣, 李芯怡, 黄燕婷. 考虑在线评论的双渠道供应链定价与服务决策 [J]. 管理学报, 2022, 19 (2): 289 – 298.

[25] Akerlof G A. The market for "lemons": Quality uncertainty and the market mechanism [J]. Quarterly Journal of Econimics, 1970, 84 (3): 488 – 500.

[26] Aköz K K, Arbatli C E, Çelik L. Manipulation through biased product reviews [J]. Journal of Industrial Economics, 2020, 68 (4): 591 – 639.

[27] Alexandrov A J. Information variability of online word-of-mouth as a context for customer decision making [D]. A Dissertation Presented for the Doctor of Philosophy Degree, University of Memphis, 2007.

[28] Alzate M, Arce-Urriza M, Cebollada J. Online reviews and product sales: The role of review visibility [J]. Journal of Theoretical and Applied Electronic Commerce Research, 2021, 16: 638 – 669.

[29] Ananthakrishnan U M, Li B, Smith, M. A tangled web: Should online review portals display fraudulent reviews? [J]. Information Systems Research, 2020, 31 (3): 950 – 971.

[30] Anderson C. Free: The future of a radical price [M]. Hyperion, New York, 2009.

[31] Anderson E T, Simester D I. Reviews without a purchase: Low ratings, loyal customers, and deception [J]. Journal of Marketing Research, 2014, 51 (3): 249 – 269.

[32] Archak N, Ghose A, Ipeirotis P G. Deriving the pricing power of product features by mining consumer reviews [J]. Management Science, 2011, 57 (8): 1485 – 509.

[33] Banerjee S, Bhattacharyya S, Bose I. Saliency effects of online reviews em-

bedded in the description on sales: Moderating role of reputation [J]. Decision Support Systems, 2017, 96: 17 - 26.

[34] Bates J M, Granger C W J. The combination of forecasts [J]. Operation Research Quarterly, 1969, 20 (4): 451 - 468.

[35] Bawa K, Shoemaker R. The effects of free sample promotions on incremental brand sales [J]. Marketing Science, 2004, 23 (3): 345 - 363.

[36] Berger J, Sorensen A T, Rasmussen, S. J. Positive effects of negative publicity: When negative reviews increase sales [J]. Maketing Science, 2010, 29 (5): 815 - 827.

[37] Bester H, Petrakis E. Price competition and advertising in oligopoly [J]. European Economic Review, 1995, 39 (6): 1075 - 1088.

[38] Bilal M, Marjani M, Hashem I A T, Malik N, Lali M I U, Gani A. Profiling reviewers' social network strength and predicting the "Helpfulness" of online customer reviews [J]. Electronic Commerce Research and Applications, 2021, 45, https://doi.org/10.1016/j.elerap.2020.101026.

[39] Cakanyildirim M, Dalgic T. Using demonstration to promote information products [R]. Working Paper, University of Texas at Dallas, Richardson, Texas, 2002.

[40] Cao H. Online review manipulation by asymmetrical firms: Is a firm's manipulation of online reviews always detrimental to its competitor? [J]. Information & Management, 2020, 57 (6): 1 - 16.

[41] Chatterjee S. Drivers of helpfulness of online hotel reviews: A sentiment and emotion mining approach [J]. International Journal of Hospitality Management, 2020, 85, https://doi.org/10.1016/j.ijhm.2019.102356.

[42] Cheema A, Papatla P. Relative importance of online versus offline information for internet purchases: Product category and internet experience effects [J]. Journal of Business Research, 2010, 63 (9 - 10): 979 - 985.

[43] Chen H, Duan W, Zhou W. The interplay between free sampling and word

of mouth in the online software market [J]. Decision Support Systems, 2017, 95: 82 – 90.

[44] Chen J, Guo Z, Huang J. An economic analysis of rebates conditional on positive reviews [J]. Information Systems Research, 2022, 33 (1): 224 – 243.

[45] Chen P Y, Dhanasobhon S, Smith M D. All reviews are not created equal: The disaggregate impact of reviews and reviewers at Amazon. com [R]. Working paper, Arizona State University, 2008.

[46] Chen P Y, Wu S Y, Yoon J. The impact of online recommendations and consumer feedback on sales [J]. International Conference on Information Systems, Washington, D. C. , 2004.

[47] Chen W, Gu B, Ye Q, Zhu K Q. Measuring and managing the externality of managerial responses to online customer reviews [J]. Information Systems Research, 2019, 30 (1): 81 – 96.

[48] Chen Y B, Liu Y, Zhang J R. When do third-party product reviews affect firm value and what can firms do? The case of media critics and professional movie reviews [J]. Journal of Marketing, 2012, 76 (2): 116 – 134.

[49] Chen Y, Xie J. Online consumer reviews: Word-of-mouth as a new element of marketing communication mix [J]. Management Science, 2008, 54 (3), 477 – 491.

[50] Chen Z, Lurie N H. Temporal contiguity and negativity bias in the impact of online word of mouth [J]. Journal of Marketing Research, 2013, 50 (4): 463 – 476.

[51] Cheng H K, Li S, Liu Y. Optimal software free trial strategy: Limited version, timelocked, or hybrid? [J]. Production & Operations Management, 2015, 24 (3): 504 – 517.

[52] Cheng H K, Liu Y P. Optimal software free trial strategy: The impact of network externalities and consumer uncertainty [J]. Information Systems Research, 2012, 23 (2), 488 – 504.

[53] Cheng H K, Tang Q C. Free trial or no free trial: Optimal software product design with network effects [J]. European Journal of Operational Research, 2010, 205 (2), 437 – 447.

[54] Chevalier J A, Dover Y, Mayzlin D. Channels of impact: User reviews when quality is dynamic and managers respond [J]. Marketing Science, 2018, 37 (5): 685 – 853.

[55] Chevalier J, Mayzlin D. The effect of word of mouth on sales: Online book reviews [J]. Journal of Marketing Research, 2006, 43 (3): 345 – 354.

[56] Chintagunta P K, Gopinath S, Venkataraman S. The effects of online user reviews on movie box office performance: Accounting for sequential rollout and aggregation across local markets [J]. Marketing Science, 2010, 29 (5): 944 – 957.

[57] Clemons E K, Gao G D, Hitt L M. When consumer reviews meet hyperdifferentiation: A study of the craft beer industry [J]. Journal of Management Information Systems, 2006, 23 (2): 149 – 171.

[58] Conner K R. Obtaining strategic advantage from being imitated: When can encouraging 'clones' pay? [J]. Management Science, 1995, 41 (2): 209 – 225.

[59] Czajkowski M, Hanley N, LaRiviere J. The effects of experience on preferences: Theory andempirics for environmental public goods [J]. American Journal of Agricultural Economics, 2014, 96 (5): 1 – 19.

[60] Das S R, Chen M Y. Yahoo! for amazon: Sentiment extraction from small talk on the web [J]. Management Science, 2007, 53 (2): 1375 – 88.

[61] Decker R, Trusov M. Estimating aggregate consumer preferences from online product reviews [J]. International Journal of Research in Marketing, 2011, 27 (4): 293 – 307.

[62] Dellarocas C. Strategic manipulation of Internet opinion forums: Implications for consumers and firms [J]. Management Science, 2006, 52 (10): 1577 –

1593.

[63] Dellarocas C, Wood C A. The sound of silence in online feedback: Estimating trading risk in the presence of reporting bias [J]. Management Science, 2008, 54 (3): 460 – 476.

[64] Dellarocas C, Zhang X Q, Awad N F. Exploring the value of online product reviews in forecasting sales: The case of motion pictures [J]. Journal of Interactive Marketing, 2007, 21 (4): 2 – 20.

[65] de Maeyer P. Impact of online consumer reviews on sales and price strategies: A review and directions for future research [J]. Journal of Product & Brand Management, 2012, 21 (2): 132 – 139.

[66] Dey D, Lahiri A, Liu D. Consumer learning and time-locked trials of software products [J]. Journal of Management Information Systems, 2013, 30 (2): 239 – 267.

[67] Duan W J, Gu B, Whinston A B. Do consumer reviews matter? — An empirical investigation of panel data [J]. Decision Support Systems, 2008, 45 (4): 1007 – 1016.

[68] Faugere C, Tayi G K. Designing free software samples: A game theoretic approach [J]. Information Technology and Management, 2007, 8 (4): 263 – 278.

[69] Feng J, Li X. Rising or dropping: The consumer review-oriented pricing paradox [C]. International Conference on Information Systems, Shanghai, China, 2011.

[70] Feng J, Li X, Zhang X. Online product reviews-triggered dynamic pricing: Theory and evidence [J]. Information Systems Research, 2019, 30 (4): 1107 – 1123.

[71] Forman C, Ghose A, Wiesenfeld B. Examining the relationship between reviews and sales: The role of reviewer identity disclosure in electronic markets [J]. Information Systems Research, 2008, 19 (3): 291 – 313.

[72] Gal-Or E, Gal-Or M, May J M, Spangler W E. Targeted advertising strategies on television [J]. Management Science, 2006, 52 (5): 713 – 725.

[73] Garvin D A. What does product quality really mean? [J]. Sloan Management Review, 1984, 26 (1): 25 – 43.

[74] Ghose A, Ipeirotis P G. Estimating the helpfulness and economic impact of product reviews: Mining text and reviewer characteristics [J]. IEEE Transactions on Knowledge and Data Engineering, 2011, 23 (10): 1498 – 512.

[75] Godes D, Mayzlin D. Using online conversations to study word-of-mouth communication [J]. Marketing Science, 2004, 23 (4): 545 – 60.

[76] Godes D, Silva J C. Sequential and temporal dynamics of online opinion [J]. Marketing Science, 2012, 31 (3): 448 – 473.

[77] Goering P A. Effects of product trial on consumer expectations, demand, and prices [J]. Journal of Consumer Research, 1985, 12 (1): 74 – 82.

[78] Grossman G M, Shapiro C. Informative advertising with differentiated products [J]. The Review of Economic Studies, 1984, 51 (1): 63 – 81.

[79] Gu B, Park J, Konana P. The impact of external word-of-mouth sources on retailer sales of high-involvement products [J]. Information Systems Research, 2012, 23 (1): 182 – 196.

[80] Hao L, Li X F, Tan Y, Xu J. The economic role of rating behavior in third-party application market [J]. International Conference on Information Systems, Shanghai, China, 2011.

[81] Haruvy E, Prasad A. Optimal freeware quality in the presence of network externalities: An evolutionary game theoretical approach [J]. Evolutionary Economics, 2001, 11 (2): 231 – 248.

[82] Haruvy E, Prasad A. Optimal product strategies in the presence of network externalities [J]. Information Economics and Policy, 1998, 10 (4): 489 – 499.

[83] He J, Wang X, Vandenbosch M B, Nault B R. Revealed preference in on-

line reviews: Purchase verification in the tablet market [J]. Decision Support Systems, 2020, 132, https://doi. org/10. 1016/j. dss. 2020. 113281.

[84] He S, Bond S D. Why is the croud divided? Attribution for dispersion in online word of mouth [J]. Journal of Consumer Research, 2015, 41 (6): 1509 –1527.

[85] Ho-Dac N N, Carson S J, Moore W L. The effects of positive and negative online reviews: Do brand stren gth and category maturity matter? [J]. Journal of Marketing, 2013, 77 (6): 37 –53.

[86] Hollenbeck B, Moorthy S, Proserpio D. Advertising strategy in the presence of reviews: An empirical analysis [J]. Marketing Science, 2019, 38 (5): 793 –811.

[87] Hong Y K, Pavlou P A. Product fit uncertainty in online markets: Nature, effects, and antecedents [J]. Information Systems Research, 2014, 25 (2): 328 –344.

[88] Hui W, Yoo B, Tam K Y. Economics of shareware: How do uncertainty and piracy affect shareware quality and brand premium? [J]. Decision Support Systems, 2008, 44 (3): 580 –594.

[89] Hu N, Liu L, Zhang J J. Do consumer reviews affect product sales? The role of reviewer characteristics and temporal effects [J]. Information Technology and Management, 2008, 9 (3): 201 –214.

[90] Hu N, Pavlou P A, Zhang J. On self-selection biases in online product reviews [J]. MIS Quarterly, 2017, 41 (2): 449 –A17.

[91] Hu N, Zhang J, Pavlou P A. Overcoming the J-shaped distribution of product reviews [J]. Communication of the ACM, 2009, 52 (10): 144 –147.

[92] Inderst R, Peitz M. Informing consumers about their own preferences [J]. International Journal of Industrial Organization, 2012, 30 (5): 417 –428.

[93] Iyer G, Soberman D, Villas-Boas J M. The targeting of advertising [J].

Marketing Science, 2005, 24 (3): 461 – 476.

[94] Jabr W, Zheng Z. Know yourself and know your enemy: An analysis of firm recommendations and consumer reviews in a competitive environment [J]. MIS Quarterly, 2014, 38 (3): 635 – A10.

[95] Jiang B J, Chen P Y. An economic analysis of online product reviews and ratings [R]. Working Paper, Carnegie Mellon University, Pittsburgh, PA, 2007.

[96] Jiang B J, Wang B. Impact of consumer reviews and ratings on sales, prices, and profits: Theory and evidence [C]. International Conference on Information Systems, Paris, France, 2008.

[97] Jiang Z. How to give away software with successive versions [J]. Decision Support Systems, 2010, 49 (4): 430 – 441.

[98] Jiang Z, Sarkar A. Speed matters: The role of free software offer in software diffusion [J]. Journal of Management Information Systems, 2010, 26 (3): 207 – 239.

[99] Jindal N, Liu B. Opinion spam and analysis [C]. Proceedings of 2008 International Conference on Web Search and Data Mining, California, USA, 2008.

[100] Kardes F R, Cronley M L, Cline T W. Consumer behavior [R]. Cengage Learning, 2008.

[101] Khare A, Labrecque L I, Asare A. The assimilative and contrastive effects of word-of-mouth volume: An experimental examination of online consumer ratings [J]. Journal of Retailing, 2011, 87 (1): 111 – 126.

[102] Kim R K. When does online review matter to consumers? The effect of product quality information cues [J]. Electronic Commerce Research, 2021, 21: 1011 – 1030.

[103] Kornish L. Are user reviews systematically manipulated? Evidence from the helpfulness ratings [R]. Working Paper, 2009.

[104] Kronrod A, Danziger S. "Wii will rock you!" The use and effect of figurative language in consumer reviews of hedonic and utilitarian consumption [J]. Journal of Consumer Research, 2013, 40 (4): 726 – 739.

[105] Kwark Y, Chen J, Raghunathan S. Online product reviews: Implications for retailers and competing manufacturers [J]. Information Systems Research, 2014, 25 (1): 93 – 110.

[106] Kwark Y, Chen J, Raghunathan S. Platform or wholesale? A strategic tool for online retailers to benefit from third-party information [J]. MIS Quarterly, 2017, 41 (3): 763 – 785.

[107] Kwark Y, Chen J, Raghunathan S. User-generated content and competing firms' product design [J]. Management Science, 2018, 64 (10): 4471 – 4965.

[108] Kwark Y, Lee G M, Pavlou P A, et al. On the spillover effects of online product reviews on purchases: Evidence from clickstream data [J]. Information Systems Research, 2021, 32 (3): 895 – 913.

[109] Lammers H B. The effect of free samples on immediate consumer purchase [J]. Journal of Consumer Marketing, 1991, 8 (2): 31 – 37.

[110] Lappas T, Sabnis G, Valkanas G. The impact of fake reviews on online visibility: A vulnerability assessment of the hotel industry [J]. Information Systems Research, 2016, 27 (4): 940 – 961.

[111] Lau R Y, Liao S Y, Kwok R C, Xu K, Xia Y, Li Y. Text mining and probabilistic language modeling for online review spam detection [J]. ACM Transactions on Management Information Systems, 2011, 2 (4): 1 – 30.

[112] Lee C, Kumar V, Gupta S. Designing freemium: A model of consumer usage, upgrade and referral dynamics [R]. Working Paper, Harvard Business School, 2013.

[113] Lee H A, Choi A A Sun T, et al. Reviewing before reading? An empirical investigation of book consumption patterns and their effects on reviews and

sales [J]. Information Systems Research, 2021, 32 (4): 1368 - vii.

[114] Lee S H. How do consumer reviews sffect purchasing intention? [J]. African Journal of Business Management, 2009, 3 (10): 576 - 581.

[115] Lee S Y, Qiu L, Whinston A. Sentiment manipulation in online platforms: An analysis of movie tweets [J]. Production and Operations Management, 2018, 27 (3): 393 - 416.

[116] Lee T Y, Bradlow E T. Automatic construction of conjoint attributes and levels from online customer reviews [R]. Working Paper, University of Pennsylvania, Philadelphia, 2007.

[117] Lei Z, Yin D, Zhang H. Focus within or on others: The impact of reviewers' attentional focus on review helpfulness [J]. Information Systems Research. 2021, 32 (3): 801 - 819.

[118] Li L, Chen J, Raghunathan S. Informative role of recommender systems in electronic marketplaces: A boon or a bane for competing sellers? [J]. MIS Quarterly, 2020, 44 (4): 1957 - 1985.

[119] Liu C Z, Au Y A, Choi H S. Effects of freemium strategy in the mobile app market: An empirical study of Google Play [J]. Journal of Management Information Systems, 2014, 31 (3): 326 - 354.

[120] Liu Q, Karahanna E. The dark side of reviews: The swaying effects of online product reviews on attribute preference contribution [J]. MIS Quarterly, 2017, 41 (2): 427 - 436.

[121] Liu X, Li Y, Xu X. Assessing the unacquainted: Inferred reviewer personality and review helpfulness [J]. MIS Quarterly, 2021, 45 (3): 1113 - 1148.

[122] Liu Y, Feng J, Liao X. When online reviews meet sales volume information: Is more or accurate information always better? [J]. Information Systems Research, 2017, 29 (4): 723 - 743.

[123] Liu Y. Word of mouth for movies: Its dynamics and impact on box office

revenue [J]. Journal of Marketing, 2006, 70 (3): 74 – 89.

[124] Li X, Wu C, Mai F. The effect of online reviews on product sales: A joint sentiment-topic analysis [J]. Information & Management, 2019a, 56 (2): 172 –184.

[125] Li X X, Hitt L M. Price effects in online product reviews: An analytical model and empirical analysis [J]. MIS Quarterly, 2010, 34 (4), 809 – 832.

[126] Li X X, Hitt L M. Self-selection and information role of online product reviews [J]. Information Systems Research, 2008, 19 (4), 456 – 474.

[127] Li X X, Hitt L M, Zhang Z J. Product reviews and competition in markets for repeat purchase products [J]. Journal of Management Information Systems, 2011, 27 (4), 9 – 42.

[128] Li Y, Li G, Tayi G K, Cheng T C E. Omni-channel retailing: Do offline retailers benefit from online reviews? [J]. International Journal of Production Economics, 2019b, 218: 43 – 61.

[129] Luca M, Zervas G. Fake it till you make it: Reputation, competition, and Yelp review fraud [J]. Management Scienece, 2016, 62 (12): 3412 – 3427.

[130] Ludwig S, de Ruyter K, Friedman M, Brüggen E C, Wetzels M, Pfann G. More than words: The influence of affective content and linguistic style matches in online reviews on conversion rates [J]. Journal of Marketing, 2013, 77 (1): 87 – 103.

[131] Luo X, Raithel S, Wiles M A. The impact of brand rating dispersion on firm value [J]. Journal of Marketing Research, 2013, 50 (3): 399 – 415.

[132] Martin J, Barron G, Norton M I. Choosing to be uncertain: Preferences for high-variance experiences [R]. Working Paper, Harvard Business School, Cambridge, MA, 2007.

[133] Ma X, Khansa L, Deng Y, Kim S S. Impact of prior reviews on the subsequent review process in reputation systems [J]. Journal of Management Information Systems, 2013, 30 (3): 279 – 310.

[134] Mayzlin D, Dover Y, Chevalier J. Promotional reviews: An empirical investigation of online review manipulation [J]. American Economic Review, 2014, 104 (8): 2421 – 2455.

[135] Moe W W, Schweidel D A. Online product opinions: Incidence, evaluation, and evolution [J]. Marketing Science, 2012, 31 (3): 372 – 386.

[136] Mudambi S M, Schuff D. What makes a helpful online review? A study of customer reviews on Amazon. com [J]. MIS Quarterly, 2010, 34 (1): 185 – 200.

[137] Mukherjee A, Venkataraman V, Liu B. Fake review detection: Classification and analysis of real and pseudo reviews [J]. Technical Report, 2013, 80 (2): 159 – 169.

[138] Nelson P. Information and consumer behavior [J]. Journal of Political Economy, 1970, 78 (2): 311 – 329.

[139] Nian T, Qiu L, Pu J, Cheng H K. Manipulation for competition: Pricing models in the presence of promotional reviews [R]. Working Paper, 2017.

[140] Niculescu M F, Wu D J. Economics of free under perpetual licensing: Implications for the software industry [J]. Information Systems Research, 2014, 25 (1): 173 – 199.

[141] Nie C. Competing with the sharing economy: Incumbents' manipulation of consumer opinions [R]. Working Paper, 2019.

[142] Oestreicher-Singer G, Libai B, Sivan L, Carmi E, Yassin E. The network value of products [J]. Journal of Marketing, 2013, 77 (3): 1 – 14.

[143] Ott M, Choi Y, Cardie C, Hancock J T. Finding deceptive opinion spam by any stretch of the imagination [C]. Proceedings of 49th Annual Meeting of the Association for Computational Linguistics: Human Language Technol-

ogies. ACL, 2011.

[144] Palmeira M, Srivastava J. Free offer ≠ cheap product: A selective accessibility account on the valuation of free offers [J]. Journal of Consumer Research, 2013, 40 (4): 644 – 656.

[145] Pang M S, Etzion H. Analyzing pricing strategies for online services with network effects [J]. Information Systems Research, 2012, 23 (4): 1364 – 1377.

[146] Park D H, Kim S. The effects of consumer knowledge on message processing of electronic word-of-mouth via online consumer reviews [J]. Electronic Commerce Research and Applications, 2008, 11 (4): 125 – 48.

[147] Park H, Lee J, Han I. The effect of online consumer reviews on consumer purchasing intention: The moderating role of involvement [J]. International Journal of Electronic Commerce, 2009, 11 (4): 125 – 148.

[148] Pavlou P A, Dimoka A. The nature and role of feedback text comments in online marketplaces: Implications for trust building, price premiums, and seller differentiation [J]. Information Systems Research, 2006, 17 (4): 391 – 412.

[149] Pu J, Nian T, Qiu L, Cheng H K. Platform policies and sellers' competition in agency selling in the presence of online quality misrepresentation [J]. Journal of Management Information Systems, 2022, 39 (1): 159 – 186.

[150] Reich T, Maglio S J. Featuring mistakes: The persuasive impact of purchase mistakes in online reviews [J]. Journal of Marketing, 2019, 84 (1): 52 – 65.

[151] Sahoo N, Dellarocas C, Srinivasan S. The impact of online product reviews on product returns [J]. Information Systems Research, 2018, 29 (3): 723 – 738.

[152] Sahoo N, Krishnan R, Duncan G, Callan J. The halo effect in multicompo-

nent ratings and its implications for recommender systems: The case of Yahoo! movies [J]. Information Systems Research, 2012, 23 (1): 231 – 246.

[153] Santilli P C. The informative and persuasive functions of advertising: A moral appraisal [J]. Journal of Business Ethics, 1983, 2: 27 – 33.

[154] Shampanier K, Mazar N, Ariely D. Zero as a special price: The true value of free products [J]. Marketing Science, 2007, 26 (6): 742 – 757.

[155] Soberman D A. Additional learning and implications on the role of informative advertising [J]. Management Science, 2004, 50 (12): 1744 – 1750.

[156] Sonnier G P, McAlister L, Rutz O J. A dynamic model of the effect of online communications on firm sales [J]. Marketing Science, 2011, 30 (4): 702 – 716.

[157] Sparks B A, Browning V. The impact of consumer reviews on hotel booking intentions and perception of trust [J]. Tourism Management, 2011, 32 (6): 1310 – 1323.

[158] Sun M. How does the variance of product ratings matter? [J]. Management Science, 2012, 58 (4): 696 – 707.

[159] Sun X, Han M, Feng J. Helpfulness of online reviews: Examining review informativeness and classification thresholds by search products and experience products [J]. Decision Support Systems, 2019, 124, https://doi.org/10. 1016/j. dss. 2019. 113099.

[160] Sutton J. Vertical product differentiation: Some basic themes [J]. American Economic Review, 1986, 76 (2): 393 – 398.

[161] Tang T, Fang E, Wang F. Is neutral really neutral? The effects of neutral user-generated content on product sales [J]. Journal of Marketing, 2014, 78 (4): 41 – 58.

[162] Wang C A, Zhang X Q. Sampling of information goods [J]. Decision Support Systems, 2009, 48 (1): 14 – 22.

[163] Wang G, Xie S, Liu B, Yu P S. Review graph based online store review spammer detection [C]. Proceedings of 2011 IEEE International Conference on Data Mining, 2011.

[164] Wang X, Mai F, Chiang R H L. Database submission——Market dynamics and usergenerated content about tablet computers [J]. Marketing Science, 2014, 33: 449 – 458, http: // dx. doi. org/10. 1287/mksc. 2013. 0821.

[165] Wang Z, Li H, Ye Q, Law R. Saliency effects of online reviews embedded in the description on sales: Moderating role of reputation [J]. Decision Support Systems, 2016, 87: 50 – 58.

[166] Wu J, Zhao H, Chen H. Coupons or free shipping? Effects of price promotion strategies on online review ratings [J]. Information Systems Research, 2021, 32 (2): 633 – 652.

[167] Wu P F. In search of negativity bias: An empirical study of perceived helpfulness of online reviews [J]. Psychology & Management, 2013, 30 (11): 971 – 984.

[168] Xie H, Miao L, Kuo P J, Lee B Y. Consumers' responses to ambivalent online hotel reviews: The role of perceived source credibility and pre-decisional disposition [J]. International Journal of Hospitality Management, 2011, 30 (1): 178 – 183.

[169] Xue H, Li F, Seo H, Pluretti R. Trust-aware review spam detection [C]. Proceedings of 14th IEEE International Conference on Trust, Security and Privacy in Computing and Communications, 2015.

[170] Yang B, Liu Y, Liang Y, Tang M. Exploiting user experience from online customer reviews for product design [J]. International Journal of Information Management, 2019, 46: 173 – 186.

[171] Ye Q, Law R, Gu B. The impact of online user reviews on hotel room sales [J]. International Journal of Hospitality Management, 2009, 28 (1): 180 – 182.

[172] Yin D, Bond S, Zhang H. Anger in consumer reviews: Unhelpful but per-suasive? [J]. MIS Quarterly, 2021, 45 (3): 1059 – 1086.

[173] Yin D, Bond S, Zhang H. Anxious or angry? Effects of discrete emotions on the perceived helpfulness of online reviews [J]. MIS Quarterly, 2014, 38 (2): 539 – 560.

[174] Zhang D, Zhou L, Kehoe J L, Kilic I Y. What online reviewer behaviors really matter? Effects of verbal and nonverbal behaviors on detection of fake online reviews [J]. Journal of Management Information Systems, 2016, 33 (2): 456 – 481.

[175] Zhang H, Zhang Z, Raghunathan S. Is more better? The divide between retailer's and manufacturers' preferences for reviews and review monetization [J]. MIS Quarterly, 2021, 45 (3): 1349 – 1410.

[176] Zhang X Q. Tapping into the pulse of the market: Essays on marketing im-plications of information flows [M]. PhD thesis, Sloan School of Manage-ment, MIT, Cambridge, MA, 2006.

[177] Zhang Z Q, Ye Q, Law R, Li Y. The impact of e-word-of-mouth on the online popularity of restaurants: A comparison of consumer reviews and edi-tor reviews [J]. International Journal of Hospitality Management, 2010, 29 (4): 694 – 700.

[178] Zhao Y, Yang S, Narayan V, Zhao Y. Modeling consumer learning from online product reviews [J]. Marketing Science, 2013, 32 (1): 153 – 169.

[179] Zhu F, Zhang X Q. Impact of online consumer reviews on sales: The mod-erating role of product and consumer characteristics [J]. Journal of Market-ing, 2010, 74 (2): 133 – 148.